백제 건국 2040주년-몽촌역사관

Special Exhibition for Joint Commemorat
and the 30th Annivers

다시 몽촌을 꿈꾸다

Dreaming
of Mongchon
Again

多다
時시
夢몽

서울특별시
SEOUL METROPOLITAN GOVERNMENT

몽촌역사관
Mongchon Museum of History

자료제공 및 협조 (가나다순)

국립중앙박물관
국사편찬위원회
백제세계유산센터
서울대학교 규장각한국학연구원
서울대학교박물관
이아라 교사(경의초등학교)
최종택 교수(고려대학교 문화유산융합학부)
한국고전번역원

전시기간

2022. 11. 8.(화) ~ 2023. 4. 30.(일)

※기간연장 2023. 3. 27.(월) ~ 2023. 4. 30.(일)

전시장소

몽촌역사관 전시실

일러두기

1. 이 책은 서울특별시 문화재관리과와 한성백제박물관 산하 몽촌역사관이 백제 건국 2040주년 및 몽촌역사관 개관 30주년을 기념하여 공동기획한 특별전시 《다시 몽촌을 꿈꾸다 多時夢》의 도록이다.
2. 도판 캡션은 유물의 경우 제목, 시대, 출토지, 크기, 소장처 순으로, 책자·지도·사진·문서의 경우 제목, (발행처), 연대, 소장처 순으로, 교구재의 경우 제목, 교육운영기간 순으로 표기하였다.
3. 한성백제박물관(몽촌역사관) 소장품은 소장처 명기를 생략하였다.
4. 전시의 이해를 돕기 위하여 전시에 출품되지 않은 자료도 일부 도록에 수록하였다.
5. 소개된 자료 중 책자·지도·사진·문서는 국립중앙박물관 소장 조선총독부박물관 문서, 국사편찬위원회 한국사데이터베이스, 백제세계유산센터, 서울대학교 규장각한국학연구원, 서울대학교박물관, 한국고전번역원 한국고전종합DB의 도움을 받았음을 밝혀둔다.

목 차

발간사

2천년 이상의 유구한 역사를 지닌 문화도시 서울의 역사는 고대 왕국 백제의 첫 도읍 한성漢城에서 시작되었습니다. 올해는 2천년 고도古都 서울 역사의 문을 연 백제가 건국된 지 2040년이 되는 해입니다. 또한 몽촌토성 유적 곁에 자리잡은 몽촌역사관이 문을 연 지 30년이 되는 해이기도 합니다. 서울특별시 문화재관리과는 백제 건국 2040주년과 몽촌역사관 개관 30주년을 기념하여 한성백제박물관 산하 몽촌역사관과 공동기획으로 특별전시《다시 몽촌을 꿈꾸다 多時夢》를 마련하였습니다.

기원전 18년 한강 남쪽에 건국된 고대 왕국 백제는 서울의 동남쪽 현재의 송파 일대를 중심으로 약 5백년간의 역사를 일궈냈습니다. 송파 일대는 백제의 첫 도읍 한성의 심장부로서, 몽촌토성과 풍납동 토성, 석촌동 고분군 등 5백년 백제 왕도를 구성하는 핵심 유산들이 남아 있습니다.

1981년 몽촌토성 일대가 88서울올림픽 경기장 부지로 결정된 후, 1983~1989년 진행된 몽촌토성 일대에 대한 발굴조사 결과, 그 동안 논란이 되어온 백제의 첫 도읍 한성의 위치에 대한 실마리를 찾는 계기가 마련되었습니다. 백제를 중심으로 한 고대 문화의 흔적이 고스란히 드러났기 때문입니다. 이 때 출토된 유물을 중심으로 1992년 1월, 몽촌토성의 북문지 곁에 서울시 최초의 박물관인 몽촌역사관이 건립되어 문을 열었습니다. 몽촌역사관은 개관 이래 현재까지 30년이라는 오랜 시간 동안 몽촌토성 현장에서 유적을 지키고, 서울의 역사와 선사 · 고대 문화를 널리 알리는 역사 교육과 체험의 장으로 기능하면서 성장하였습니다.

이번 특별전시는 5백년 백제 왕도를 구성하는 핵심 유산의 하나인 백제 왕성 몽촌토성의 역대 변화상과 함께, 유적 현장을 굳건히 지켜온 몽촌역사관 30년간의 활동을 돌아보면서 몽촌의 미래상을 그려보는 내용을 담았습니다. 전시는 백제 건국으로 시작된 서울 2천년 역사에서 몽촌토성에 대한 인식과 변화를 추적하면서 그 위상과 역사성에 대해 새롭게 주목하고, 또한 30년간 유적을 지켜온 현장 박물관의 역사와 다양한 활동상을 재조명하면서, 몽촌의 미래상을 기대해보는 내용으로 구성하였습니다.

이번 특별전시 개최와 전시도록 발간을 위해 소중한 자료 제공에 적극 협조해주신 여러 관계 기관의 많은 분들께 감사의 말씀을 드립니다. 또한 전시 준비에 열정을 쏟아 애써주신 문화재관리과와 몽촌역사관 직원들의 노고에 고마움의 마음을 전합니다. 이 전시가 몽촌이 쌓아온 2천년 역사를 기억하고, 나아가 세계인과 함께 하는 백제역사유적지구 속 몽촌의 미래를 기대해보는 좋은 기회가 되기를 바랍니다.

2022년 12월

서울특별시 문화재관리과장
김홍진

한성백제박물관장
유병하

프롤로그

Prologue

몽촌의 여정

Journey of Mongchon

2022년은 백제 건국 2040주년과 몽촌역사관 개관 30주년이 되는 해이다. 이를 기념하여 서울특별시 문화재관리과와 한성백제박물관 산하 몽촌역사관은 공동기획 특별전《다시 몽촌을 꿈꾸다 多時夢》를 개최하였다.

기원전 18년, 한강 남쪽에 건국된 고대 왕국 백제는 475년 공주 지역으로 천도하기 전까지 서울의 동남쪽 송파 지역을 중심으로 약 5백 년간의 역사를 일궜다. 그 흔적은 몽촌토성을 비롯한 왕성과 왕실 무덤으로 구성된 백제 왕도 유산으로 남아 있다.

1992년 1월 29일, 5백 년 백제 왕도의 핵심 유적인 몽촌토성 현장에 몽촌역사관이 건립되었다. 몽촌역사관은 서울특별시 최초의 박물관으로서 개관 이후 30년간 서울의 역사와 선사 · 고대 문화를 널리 알리는 교육의 장으로 기능해왔다.

특별전《다시 몽촌을 꿈꾸다 多時夢》는 총 3부로 구성되었다. 1부 '다多, 수많은 역사가 쌓이다'에서는 사료에 등장한 몽촌과 몽촌토성 발굴의 변천사를 알아보았다. 2부 '시時, 걸어온 시간을 만나다'에서는 몽촌역사관의 건립부터 현재까지의 활동상을 살펴보았다. 3부 '몽夢, 다가올 내일을 꿈꾸다'에서는 세계인의 유산이 될 몽촌토성과 몽촌역사관의 미래를 그려 보았다.

전시의 부제 '多時夢'은 서거정徐居正(1420~1488)의『사가집四佳集』권21「시류詩類」에서 인용하였다. 서거정은 광나루에서 몽촌을 바라보며 시를 지었고, 이후 몽촌에 촌사村舍를 짓고 살았을 만큼 남다른 애정을 가지고 있었다. 몽촌에 대한 그의 애정처럼 지금도 많은 사람들이 몽촌과 함께하고 있다.

'多時夢'은 '꿈을 많이 꾼다'는 의미이다. 몽촌역사관의 '꿈'은 백제 한성도읍기와 몽촌토성을 널리 알려 지역민의 자긍심을 높이는 것이다.《다시 몽촌을 꿈꾸다 多時夢》전시를 통해 몽촌이 쌓아온 역사를 기억하고, 이 시간이 모여 다시 꿈꾸게 될 몽촌역사관을 기대해본다.

몽촌토성 일대 경관 변화

몽촌토성 발굴조사 변화

몽촌토성 경관 변화와 다양한 교육활동

I

多다 수많은 역사가 쌓이다

Collection of History

時시

夢몽

1 몽촌의 역사
History of Mongchon

2 몽촌토성 발굴
Excavation of Mongchontoseong Earthen Fortification

1 몽촌의 역사

History of Mongchon

기원전 18년 온조는 한수 남쪽[河南]의 위례성慰禮城에 백제를 세웠다. 371년(근초고왕 26년)에 한산漢山으로 도읍을 옮겼다. 475년(개로왕 21년)에 고구려가 북성(풍납동 토성)을 공격하여 7일 만에 빼앗고 옮겨서 남성(몽촌토성)을 공격하였다.

백제의 첫 수도인 위례성(한성)의 위치에 대해서는 여러 설이 있으나, 발굴조사와 기록을 통해 몽촌토성과 풍납동 토성 일대로 추정되고 있다.

고려시대에 몽촌夢村은『고려사高麗史』의 기록에 의하면 '고원강촌古垣江村', '고원성古垣城' 등으로 불렸다. 고원古垣은 옛 성벽, 옛 울이란 뜻으로 당시 몽촌 일대에 옛 성이 있어서 '고원성古垣城'이라 하였고, 또한 한강 연안에 있어서 '고원강촌古垣江村'이라고도 하였다.

조선시대에는『조선왕조실록』과 문학작품, 지리지 등에 '몽촌夢村'으로 표기되었다. 몽촌은 당시 행정구역상 광주목廣州牧에 해당되었는데, 수도인 한양과 가까워 기록이 많이 남아 있다.

일제강점기에는 조선총독부 고적조사사업의 일환으로 몽촌토성이 조사되었다. 1916~1917년경 식산국 산림과에서 제작한「고적대장古蹟臺帳」문서철, 1917년 조사내용이 수록된「야쓰이고적조사위원복명서谷井古蹟調査復命書」등에 몽촌토성은 '이리토성二里土城'으로 표기되어 있으며, 그 당시 몽촌토성에 대한 답사, 촬영, 실측 조사 내용이 기록되어 있다.

1970년대에 전국 문화재 지표조사 실시로 몽촌토성도 그 대상이 되었다. 1980년대 초반까지 몽촌토성 일대에는 몽촌, 일동네, 잣나무골, 웃말, 큰말, 새말 등 주민이 거주하는 여러 마을이 자리잡고 있었다. 이후 1981년 몽촌토성 일대가 88서울올림픽 경기장 부지로 결정된 것을 계기로 1982년 몽촌토성은 사적으로 지정되었고, 1983~1989년 발굴조사가 실시되었으며, 그 결과를 근거로 1985년에는 보호구역이 확대 지정되었다. 1984~1988년 서울올림픽 국립경기장 공사가 진행되면서 몽촌토성 일대는 올림픽공원으로 조성되었다.

2012년 몽촌토성 남쪽 일대에 서울시 한성백제박물관을 건립하여 개관하였고, 2013년에는 박물관 산하 백제학연구소를 개소하면서 몽촌토성의 정체성 규명을 위한 중장기 발굴조사계획이 마련되어 발굴조사가 재개되었다. 발굴조사는 북문지 내측과 그 일원을 중심으로 현재까지 지속되고 있다.

몽촌의 주요 연혁

삼국시대	18 BCE	온조가 강 남쪽의 위례성慰禮城에 도읍을 정하고 나라를 세우다
	371 CE	근초고왕 26년, 한산漢山으로 도읍을 옮기다
	475	고구려가 북성(풍납동 토성)을 공격하여 7일 만에 빼앗고 옮겨서 남성(몽촌토성)을 공격하다
고려시대	1380	몽촌이 '고원강촌古垣江村'과 '고원성古垣城'으로 불리다
조선시대	1488	서거정의 시문집에 '몽촌夢村'이 등장하다
일제강점기	1917	조선총독부 고적조사사업의 일환으로 몽촌토성을 조사하다
대한민국	1971	몽촌토성 지표조사를 실시하다
	1981	몽촌토성 일대를 88서울올림픽 경기장 부지로 결정하다
	1982	**몽촌토성을 사적으로 지정하다**
	1983~1989	**몽촌토성 발굴조사를 실시하다**(서울대학교박물관, 4개 대학 연합 몽촌토성발굴조사단)
	1985	몽촌토성 보호구역을 확대 지정하다
	1988	몽촌토성 일대를 올림픽공원으로 조성하다
	1992	몽촌토성 북쪽에 **몽촌역사관을 개관하다**
	1993	몽촌토성 내 수혈주거지(현 백제집자리전시관)를 개관하다
	2006	몽촌역사관을 어린이 대상 박물관으로 개편하다
	2007	몽촌역사관 교육 프로그램을 개발·운영하다
	2012	몽촌토성 남쪽에 **한성백제박물관을 개관하다**
	2013	몽촌역사관이 어린이 체험형 유적 박물관으로 변모하다 몽촌토성 남쪽에 백제학연구소(한성백제박물관 산하)를 개소하다
	2013~2022	**몽촌토성 발굴조사를 재개하다**(백제학연구소)
	2022	**백제 건국 2040주년 및 몽촌역사관 개관 30주년 기념 공동기획 특별전을 개최하다**

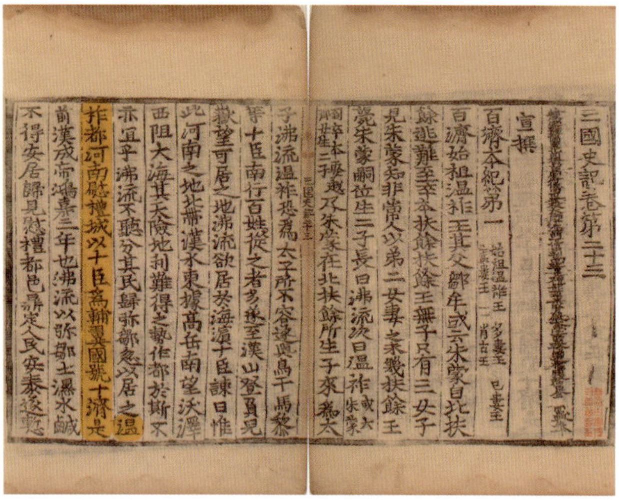

温祚都河南慰禮城 以十臣爲輔翼 國號十濟

(기원전 18년) 온조가 강 남쪽의 **위례성**에 도읍을 정하고, 10명의 신하를 보좌로 삼아 나라 이름을 십제라 하였다.

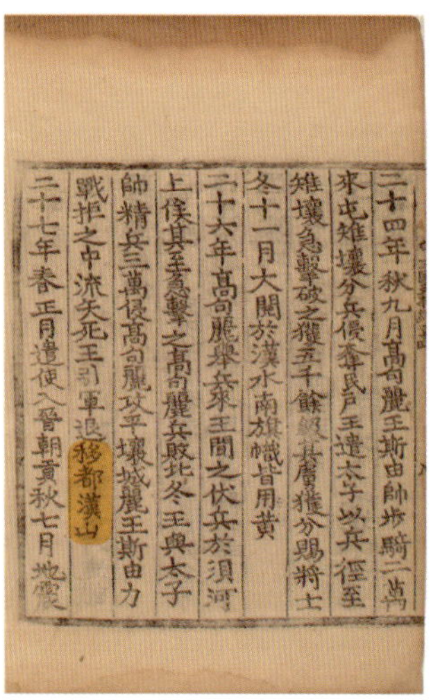

二十六年 ... 移都漢山

(근초고왕) 26년(371), **한산**으로 도읍을 옮겼다.

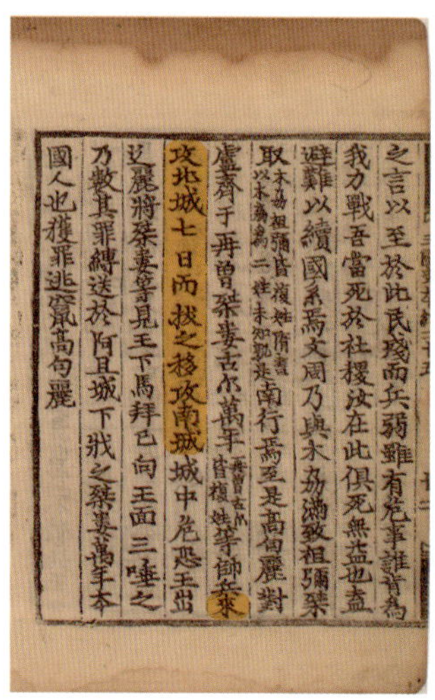

... 高句麗 ... 來攻北城 七日而拔之 移攻南城

(개로왕 21년(475)) 고구려가 ... 북성을 공격하여 7일 만에 빼앗고 옮겨서 **남성**을 공격하였다.

1
『삼국사기三國史記』 권제23, 24, 25, 백제본기 시조온조왕 원년, 근초고왕 26년, 개로왕 21년
1512년(정덕본) | 국사편찬위원회 한국사데이터베이스

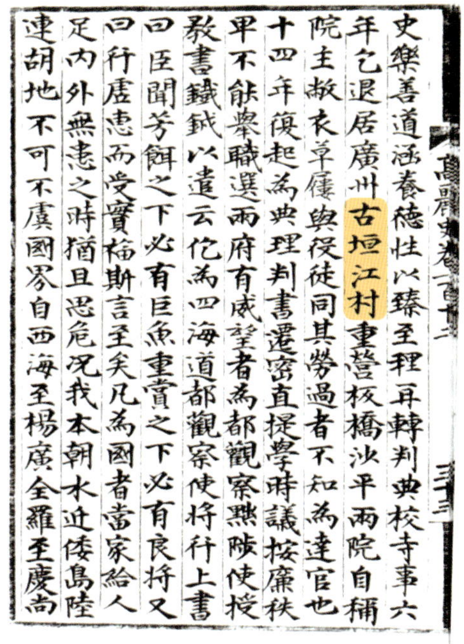

史樂善道涵養德性以臻至理再轉判典校寺事六
年乞退居廣州古垣江村重營板橋沙平兩院自稱
院主敝衣草屨與役徒同其勞過者不知爲達官也
十四年復起爲典理判書選密直提學時議按廉秩
卑不能擧職選兩府有威望者爲都觀察黜陟使授
教書鈇鉞以遣云仡爲四海道都觀察使將行上書
曰臣聞芳餌之下必有巨魚重賞之下必有良將又
曰行虛惠而受實禍斯言至矣凡爲國者當家給人
足內外無患之時猶且思危況我本朝水近倭島陸
連胡地不可不虞國家自西海至楊廣全羅至慶尙

…六年 乞退居廣州古垣江村 重營板橋 沙平兩院 自稱院主

…6년(1380)에 퇴직을 청하여 광주의 **고원강촌**에서 살면서 판교원과 사평원 두 원을 중건하여 스스로 원주라고 하였다.

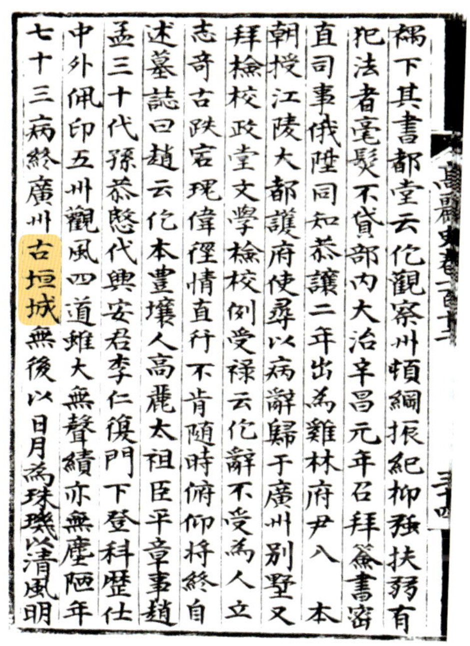

碣下其書都堂云仡觀察州頓綱振紀抑強扶弱有
犯法者毫髮不貸部內大治辛昌元年召拜簽書密
直司事俄陞同知恭讓二年出爲雞林府尹入 本
朝授江陵大都護府使尋以病辭歸于廣州別墅又
拜檢校政堂文學檢校例受祿云仡辭不受爲人立
志奇古跌宕瑰偉徑情直行不肯隨時俯仰將終自
述墓誌曰趙云仡本豊壤人高麗太祖臣平章事趙
孟三十代孫恭愍代興安君李仁復門下登科歷仕
中外佩印五州觀風四道雖大無聲績亦無塵陋年
七十三病終廣州古垣城無後以日月爲珠璣淸風明

…年七十三 病終廣州古垣城 無後

…73세에 병으로 광주의 **고원성**에서 죽었고 후사는 없다.

2
『고려사』 권제112, 열전 권제25, 제신 조운흘
1451년 | 서울대학교 규장각한국학연구원

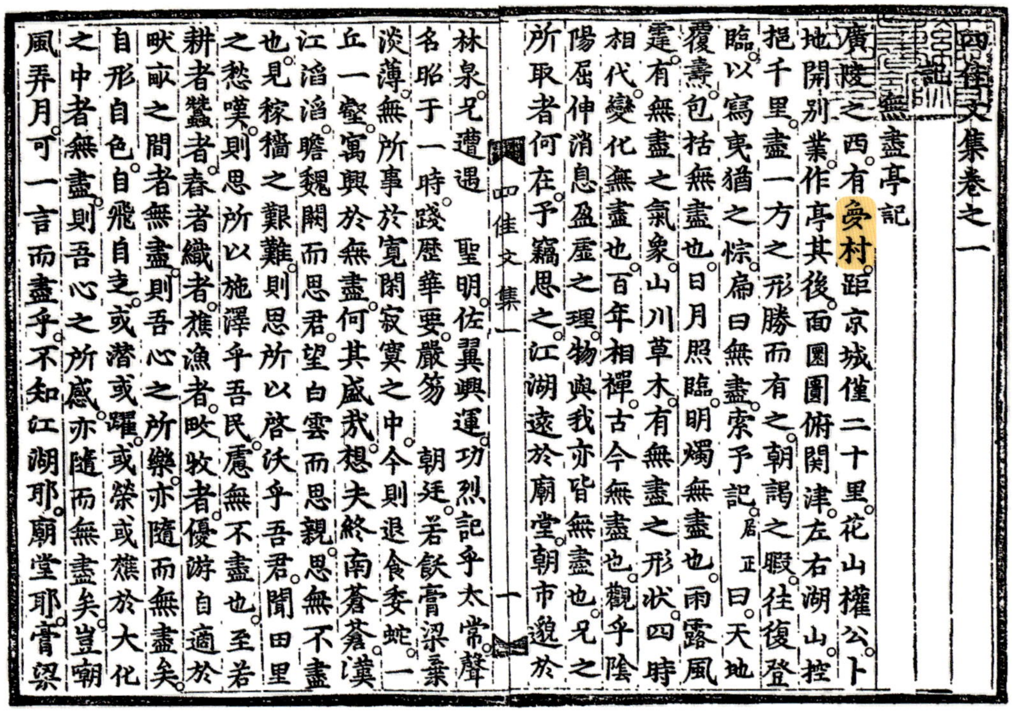

四佳文集卷之一

無盡亭記

廣陵之西有夢村距京城僅二十里花山權公卜地開別業作亭其後面圜圚俯闗津左右湖山控挹千里盡一方之形勝而有之朝謁之暇往復登臨以寫夷猶之悰扁曰無盡索予記居正曰天地覆燾包括無盡也日月照臨明燭無盡也雨露風霆有無盡之氣象山川草木有無盡之形狀四時相代變化無盡也百年相禪古今無盡也觀乎陰陽屈伸消息盈虛之理物與我亦皆無盡也况之所取者何在予竊思之江湖遠於廟堂朝市邈於林泉况遭遇 聖明佐翼興運功烈記乎太常聲名昭于一時践歷華要嚴笏 朝廷若飫膏梁棄淡薄無所事於寛閑寂寞之中今則退食委蛇一丘一壑寓興於無盡何其盛哉想夫終南蒼蒼漢江滔滔瞻魏闕而思君望白雲而思親思無不盡也見稼穡之艱難則思所以啓沃乎吾君聞田里之愁嘆則思所以施澤乎吾民慮無不盡也至若耕者蠶者舂者織者樵漁者畋牧者優游自適於畎畝之間者無盡則吾心之所樂亦隨而無盡矣自形自色自飛自走或潛或躍或榮或瘁於大化之中者無盡則吾心之所感亦隨而無盡矣豈廟風弄月可一言而盡乎不知江湖耶廟堂耶膏粱

四佳文集一 一

四佳集 文集 卷一

廣陵之西 有夢村 距京城僅二十里 花山權公 卜地開別業 作亭其後 面圜圚俯闗津 左右湖山 控挹千里 盡一方之形勝而有之

광릉 서쪽에 몽촌이 있는데, 서울과는 겨우 20리 거리이다. 화산 권공이 이곳에 터를 잡아 별장을 만들고 그 뒤편에 정자를 지었다. 멀리 앞쪽으로는 물굽이가 휘돌고 굽어보면 관진이 보이며 좌우로 호수와 산이 있어 천 리를 끌어당기는 형국이니, 한 지역의 좋은 경치가 여기에 다 있다.

3
『사가집四佳集』 권1, 기, 무진정기
1488년 | 한국고전번역원 한국고전종합DB

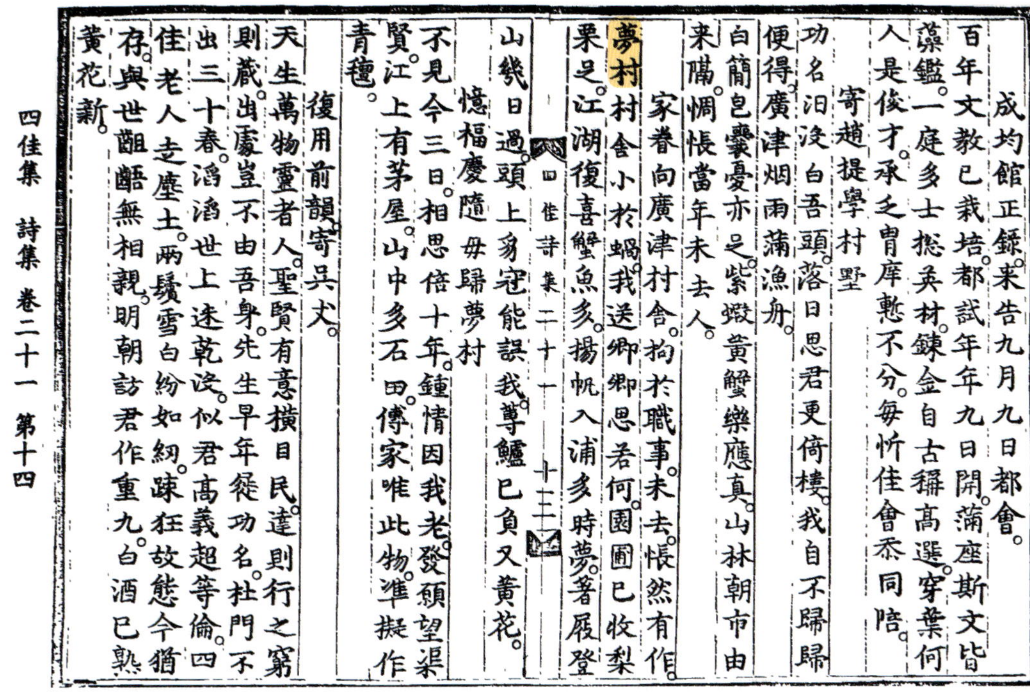
四佳集 詩集 卷二十一 第十四

成均館正錄來告九月九日都會
百年文教已栽培都試年年九日開蒲座斯文皆藻鑑一庭多士掄英材鍊金自古稱高選穿葉何人是俊才承乏胄庠慙不分每忻佳會忝同陪

寄趙提學村墅
功名汩沒白吾頭落日思君更倚樓我自不歸歸便得廣津烟雨滿漁舟
白簡皂囊憂亦足紫蟹黃蟹樂應真山林朝市由來隔惆悵當年未去人

家眷向廣津村舍拘於職事未去悵然有作
夢村村舍小於蝸我送卿卿思若何園圃已收梨栗足江湖復喜蟹魚多揚帆入浦多時夢著屐登山幾日過頭上豸冠能誤我蓴鱸已負又黃花

四佳詩集二十一 十三

憶福慶隨母歸夢村
不見今三日相思倍十年鍾情因我老發願望渠賢江上有茅屋山中多石田傳家唯此物準擬作青氈

復用前韻寄吳丈
天生萬物靈者人聖賢有意撗目民達則行之窮則藏出處豈不由吾身先生早年從功名杜門不出三十春滔滔世上迷乾沒似君高義超等倫四佳老人走塵土兩鬢雪白紛如絪踈狂故態今猶存與世齟齬無相親明朝訪君作重九白酒已熟黃花新

夢村村舍小於蝸	몽촌의 시골집은 달팽이보다 작은데
我送卿卿思若何	경경을 보내는 내 마음이 그 어떠하랴
園圃已收梨栗足	동산에선 푸짐한 배와 밤을 이미 거뒀고
江湖復喜蟹魚多	강호엔 게와 고기 많은 게 또한 기쁘겠지
揚帆入浦多時夢	돛 펼치고 포구에 드는 꿈은 많이 꾸건만
著屐登山幾日過	나막신 신고 산은 어느 날에나 올라 볼꼬
頭上豸冠能誤我	머리 위의 해치관이 나를 퍽 그르치누나
蓴鱸已負又黃花	순채 농어 못 먹고 국화 철도 저버렸네

4
『사가집』 권21, 시류
1488년 | 한국고전번역원 한국고전종합DB

日長城下故王都宮殿遺基掃地無今日廣州開
大牧江山雖是城郭殊
登諸富村舍後嶺妙高峯
北嶺岩嶤紫翠堆年年登眺遠眸開江流不盡燕
天去山色無邊捲地來安得白鷗同浩蕩欲招黃
鶴共徘徊何須謾墮牛山淚酩酊唯宜盡醉回
野逕
野逕當秋晩江村味亦長水寒魚尾白霜落蟹臍
黃秔飯炊初軟秋醪釀更香已宜謀口腹何必羨
膏粱

四佳詩集五十　二十六

四更
四更山月報窓明萬籟沉沉夜氣清高枕酒醒渾
不寐卧聽羸馬齕芻聲
田園
十年奔走軟紅塵今日田園樂自真致仕還鄕應
不遠何須容易說傍人
夢村
夢村無奈浣花村生事雖微樂事繁橘柚是奴魚
是婢篔簹生子竹生孫黃虀已熟分磁椀綠酒新
篘滿瓦樽且喜朝昏滋味足一瓢五鼎不須論
吾廬
青山無數擁吾廬秋入江村興有餘映日黃花金
不敵媚霜紅樹錦難如肥螯膏腹那無蟹巨口細
鱗亦是魚從此盡除浮世事水邊林下老樵漁

八七

夢村無奈浣花村	몽촌이 바로 완화초당 마을임을 어찌할꼬
生事雖微樂事繁	생활은 곤궁하지만 즐거운 일은 하 많구려
橘柚是奴魚是婢	감귤은 남자종이요 고기는 계집종이요
篔簹生子竹生孫	왕대는 아들을 낳고 솜대는 손자를 낳네
黃虀已熟分磁椀	노란 김치는 익어서 사발에 담아 내오고
綠酒新篘滿瓦樽	파란 술은 새로 걸러 항아리에 가득해라
且喜朝昏滋味足	조석으로 풍족한 자미에 우선 기쁘거니
一瓢五鼎不須論	일표나 오정을 의당 논할 필요 없다마다

5
『사가집』 권50, 시류, 몽촌
1488년 | 한국고전번역원 한국고전종합DB

新增東國輿地勝覽　卷六

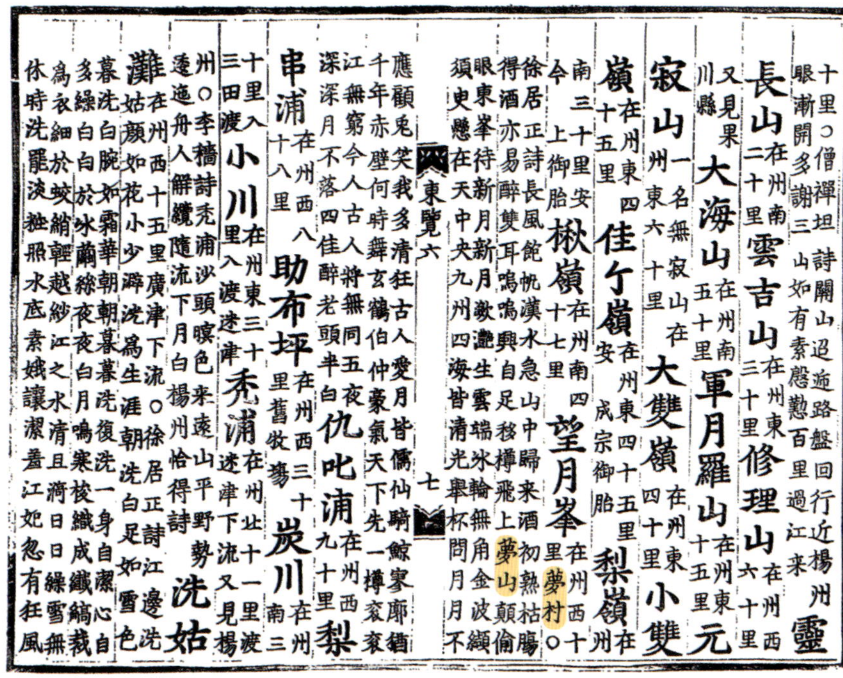
十里○僧禪坦詩關山迢遆路盤回行近楊州
眼漸開多謝三山如有素慇懃百里過江来 靈
長山 在州南二十里 雲吉山 在州東三十里 修理山 在州西六十里
又見果川縣 大海山 在州南五十里 軍月羅山 在州東十五里 元
寂山 一名無寂山在州東六十里 大雙嶺 在州東四十里 小雙
嶺 在州東四十五里 佳亇嶺 在州東四十五里安成宗御胎 梨嶺 在州
南三十里安上御胎 楸嶺 在州南四十七里 望月峯 在州西十里夢村○
徐居正詩長風飽帆漢水急山中歸来酒初熟枯腸
得酒亦易醉雙耳鳴鳴興自足移樽飛上夢山顚偷
眼東峯待新月新月歘歘生雲端氷輪無角金波纈
須臾懸在天中央九州四海皆清光擧杯問月月不
東覽六　七
應顧兎笑我多清狂古人愛月皆儒仙騎鯨寥廓猶
千年赤壁何時舞玄鶴伯仲豪氣天下先一樽衮衮
江無窮今人古人將無同五夜
深深月不落四佳醉老頭半白 仇叱浦 在州西九十里 梨
串浦 在州西八十八里 助布坪 在州西三十里舊牧場 炭川 在州南三
十里入三田渡 小川 在州東三十里入渡迷津 禿浦 在州北十一里渡迷津下流又見楊
州○李穡詩禿浦沙頭暝色來遠山平野勢
逶迤舟人解纜隨流下月白楊州恰得詩 洗姑
灘 在州西十五里廣津下流○徐居正詩江邊洗
姑顏如花小少辭洗爲生涯朝洗白足如雪色
暮洗白腕如霜華朝朝暮暮洗復洗一身自潔心自
多綠白白於氷繭絲夜夜白月鳴寒梭織成纖縞裁
爲衣細於蛟綃輕越紗江之水清且漪日日綠雪無
休時洗罷淡粧飛水底素娥讓潔蓋江妃忽有狂風

望月峯在州西十里夢村

망월봉 (광)주 서쪽 10리 **몽촌**에 있다.

… 雙耳鳴鳴興自足移樽飛上夢山顚偸眼東峯待新月…

… 두 귀가 취중에 찡 울리며 흥이 스스로 족하니, 술 두루미를 옮겨 **몽산** 머리에 날아 올라가, 슬쩍 눈을 동쪽 봉우리로 돌려 새 달이 떠오르기를 기다려 본다.…

6

『신증동국여지승람新增東國輿地勝覽』 권6, 경기 광주목

1530년 | 한국고전번역원 한국고전종합DB

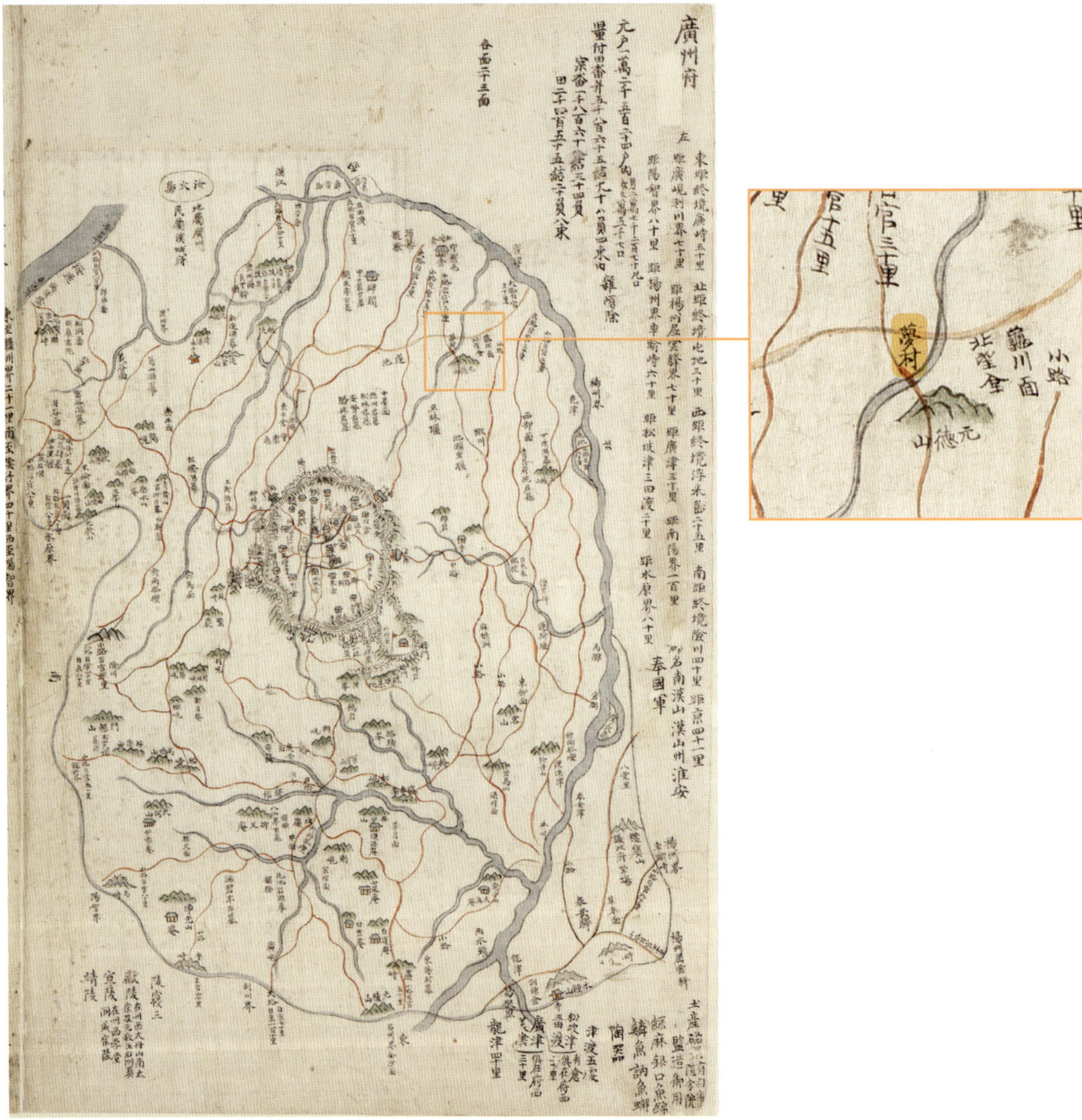

구천면 북망대, 원덕산 일대에 **몽촌**이 표시되어 있다 .

7
『해동지도 海東地圖 』 책1, 경기도 광주부
1750년대 | 서울대학교 규장각한국학연구원

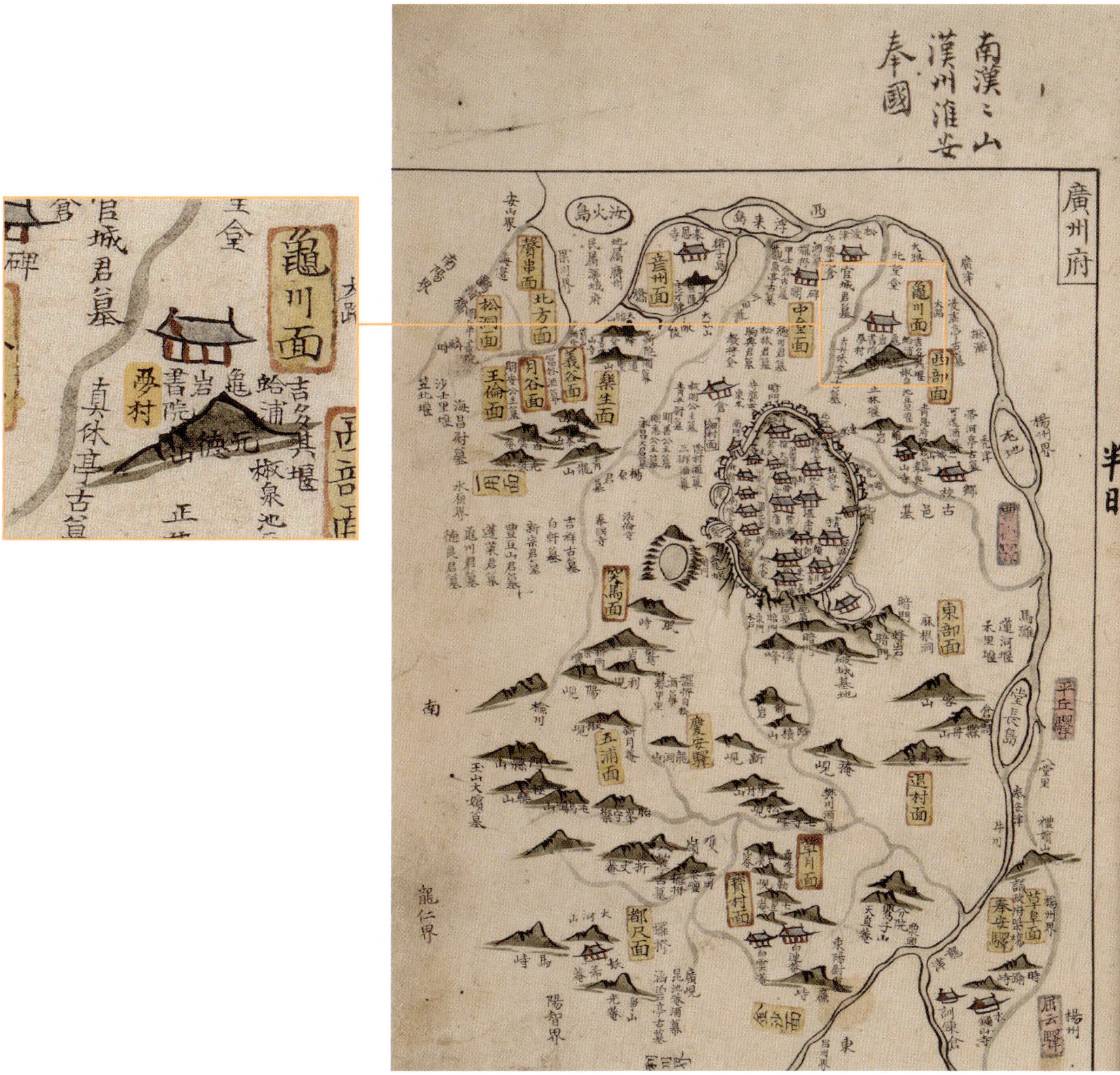

구천면, 원덕산 일대에 **몽촌**이 표시되어 있다

8
『여지도輿地圖』 책1, 경기도 광주부
18세기 | 서울대학교 규장각한국학연구원

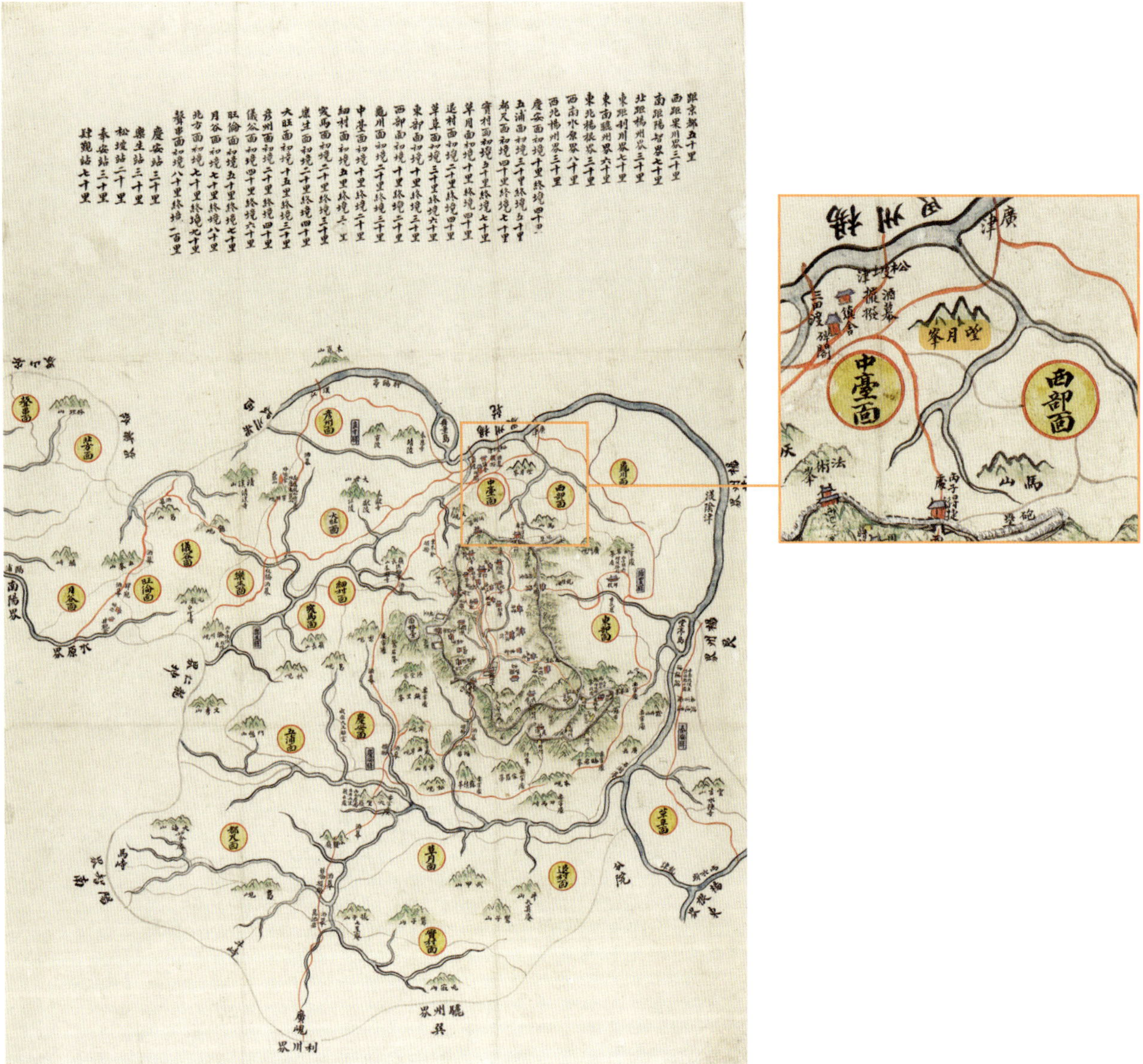

몽촌토성에서 가장 높은 봉우리인 **망월봉**이 표기되어 있다.

9
『1872년지방지도』, 광주전도
1872년 | 서울대학교 규장각한국학연구원구원

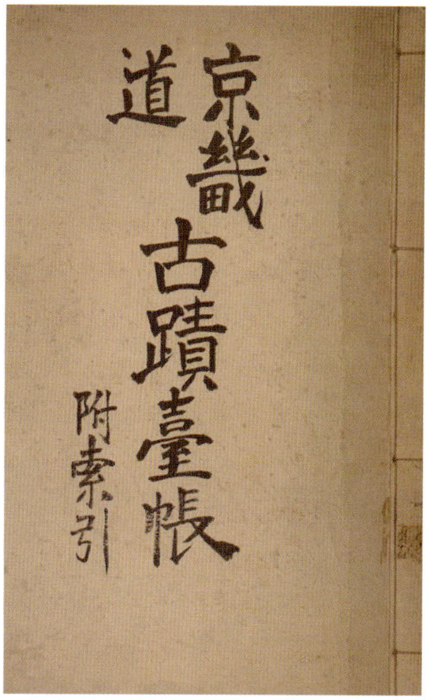

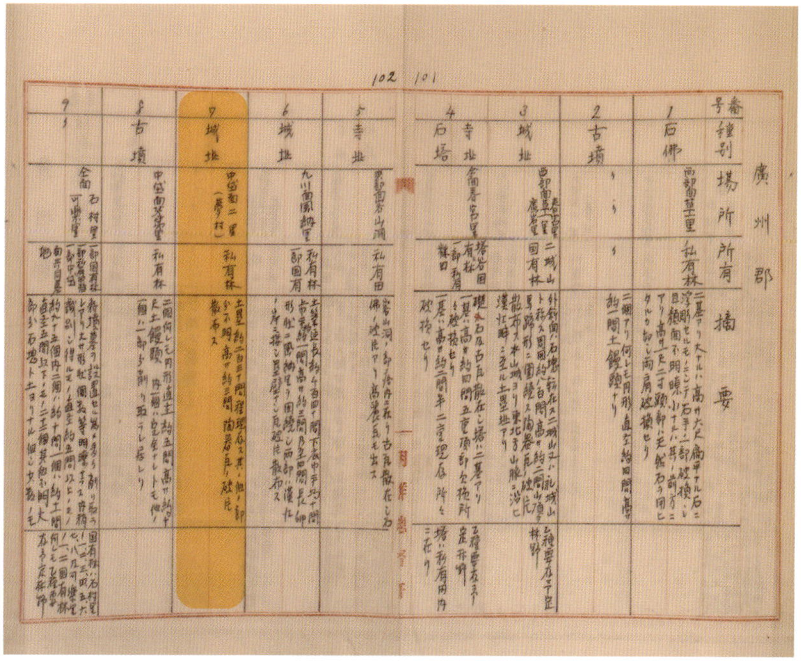

7 / 성지 / 중대면 **이리(몽촌)** / 사유림 / 토루 약 230칸 정도 현존, 그 외 부분 불명확, 높이 약 3칸, 도기와 와편 산포

10
「경기도고적대장京畿道古蹟臺帳」 광주군
조선총독부 식산국 산림과 | 1916~1917년(추정) | 국립중앙박물관 소장 조선총독부박물관 문서

大正六年度後期 古蹟調査復命書

谷井古蹟調査委員復命書

(四)同 面天馬峯城址(同上)

(以上馬韓時代と認めらるべきもの)

(五)京畿道高陽郡碧蹄面羅城址

(六)同 廣州郡九川面風納里土城址(同上)

(七)同 郡中岱面二里土城址(同上)

(八)同 道高陽・楊州両郡城峯山城址(同上)

(九)同 道廣州郡中部面山城里城址

(一〇)同 郡西部面禮聖山城址

(一一)同 郡彦州面三成里山城址(同上)

(一二)忠清南道公州郡州外面錦城里公山城址

主要遺蹟及其時代

出張、其遺物遺蹟の調査を遂げたり。其報告は略報告及び特別報告として、追て提出すべきも、今其概況に就いて復命を為すべし。

今回の調査中、最注意すべき諸遺蹟は大略左の如し。

一、城址

(一)忠清南道青陽郡青陽面碧泉里無峰山土城址

(二)同 面雇城址

(三)同 面官婢山城址

復命書

氏名 谷井濟一 小場恒吉 小川敬吉 野守健

用務 古蹟調査 同 同 同

濟一・恒吉・敬吉及び健は、古蹟調査の為、出張の命を受け、前表の如く、主として百濟の古地に

(7) 같은 군(경기도 광주군) 중대면 **이리토성지** [오른쪽과 같다(답사, 촬영, 실측)]

11

「야쓰이고적조사위원복명서谷井古蹟調査委員復命書」

조선총독부 | 1918년 | 국립중앙박물관 소장 조선총독부박물관 문서

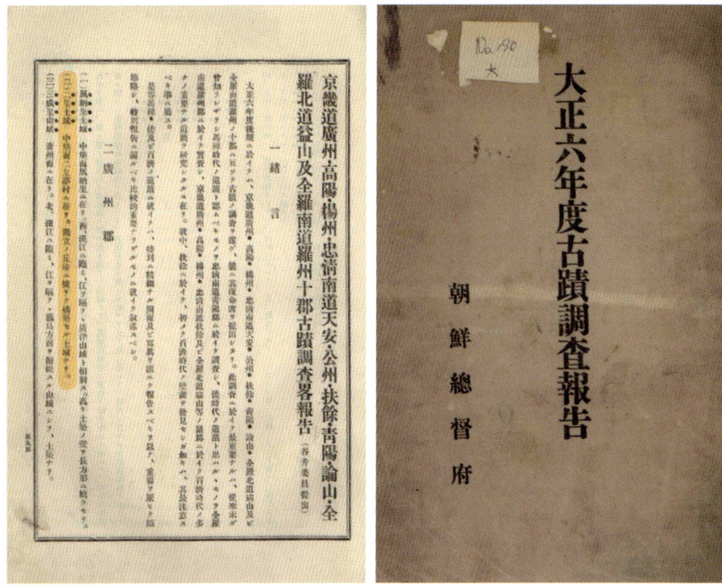

(2) **이리토성**은 중대면 이리에 **몽촌**에 있다. 독립된 구릉에 구축된 토성이다.

12
『대정6년도고적조사보고』「경기도광주·고양·양주·충청남도천안·공주·청양·논산·전라북도익산 및 전라남도나주10군고적조사약보고(야쓰이위원제출)」
조선총독부 | 1920년 | 국립중앙박물관 소장 조선총독부박물관 문서

▣ 현대의 몽촌

1980년대 초반 몽촌토성 일대에는 **몽촌**, **일동네**, **잣나무골**, **웃말**, **큰말**, **새말** 등 자연 마을이 있었다.

13
『몽촌의 발자취』
몽촌향우회 | 2008년

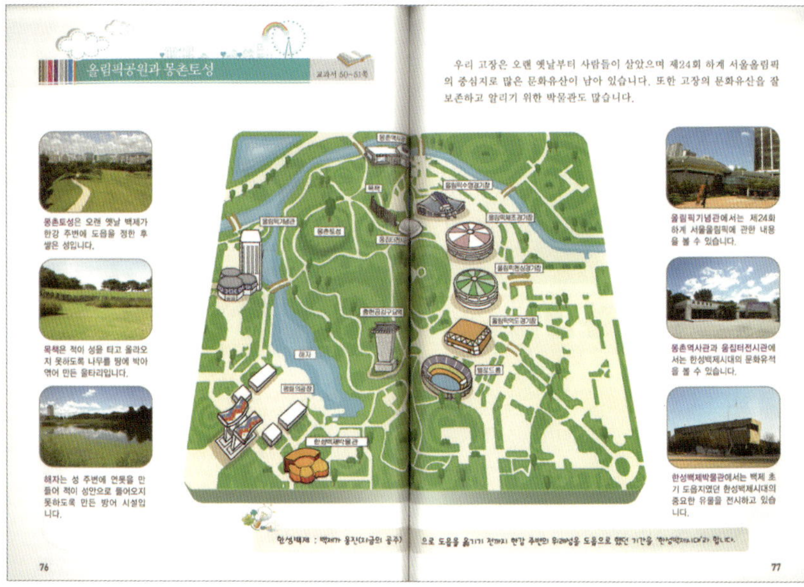

강동구 · 송파구 초등학교 3학년 교과서에 몽촌토성에 대한 내용이 수록되어 있다.

14
『우리 고장의 생활(강동구·송파구)-3학년』
서울특별시 강동교육지원청 | 2014년

송파구 사회과 마을교과서에 몽촌토성에 대한 내용이 실려 있다.

15
『송송파파와 함께하는 송파탐험대』
서울특별시 강동송파교육지원청·송파구 | 2021년

2 몽촌토성 발굴

Excavation of Mongchontoseong Earthen Fortification

1980년대 몽촌토성 일대가 88서울올림픽 경기장 부지로 결정된 것을 계기로 1983년 몽촌토성에 대한 발굴조사를 시작하였다. 1983년부터 1989년까지 6차례 진행된 발굴조사를 통해 1만여 점의 유물과 집자리, 저장구덩이 등의 유구가 확인되면서 오랜 시간 논란이 되어왔던 백제의 첫 도읍 한성의 위치에 대한 실마리를 찾을 수 있었다.

서울대학교박물관은 1983년부터 1985년까지 3차례에 걸쳐 몽촌토성의 규모와 외곽시설 파악을 위한 기초조사를 실시하였다. 특히, 1984년에는 4개 대학교박물관(서울대학교박물관 · 숭실대학교박물관 · 한양대학교박물관 · 단국대학교박물관) 연합의 몽촌토성발굴조사단이 구성되어 성 축조방법을 확인하는 조사가 실시되었고, 그 결과를 토대로 성 외곽과 성벽에 대한 복원공사가 시작되었다. 1985년부터 1989년까지 서울대학교박물관의 성 내부에 대한 전면조사 실시로 지상건물지와 다양한 유물을 발견하였다.

1990년대 후반기에는 몽촌토성 북쪽에 위치한 풍납동 토성에 대한 발굴조사를 본격적으로 추진하면서 백제 왕성의 실체가 드러나게 되었다. 몽촌토성은 이러한 풍납동 토성의 발굴성과와 연결되어 풍납동 토성과 세트를 이루는 왕성으로서 백제 한성도읍기 왕도의 핵심 유적으로 인식되었다.

2013년 한성백제박물관 백제학연구소가 출범되면서 몽촌토성에 대한 발굴조사를 근 30년만에 재개하였다. 백제학연구소는 한성도읍기 백제 왕도의 성격 규명을 위한 체계적인 중장기 발굴조사계획의 일환으로 몽촌토성 발굴조사를 연차적으로 추진하고 있다. 그 동안의 발굴조사 과정에서 대형 포장도로와 집수지 등 중요 시설이 확인되었고, 왕궁과 공방시설의 존재를 추정할 수 있는 유물이 출토되어 한성도읍기 백제 왕성의 모습이 점차적으로 구체화되고 있다. 앞으로 성벽과 내부 각지로 발굴조사범위를 확대하여 5백년 백제 왕성의 실체를 지속적으로 밝혀낼 계획이다.

몽촌토성 발굴조사 연혁(참고: 몽촌토성 발굴조사보고서 및 한성백제박물관 홈페이지)

연도	발굴지역	발굴기관	조사내용		보고서
			유구	주요유물	
1983	성벽 4개 지점	서울대학교박물관	해자, 목책 주혈, 옹관묘	토기편, 어망추, 철촉 등	몽촌토성발굴조사단, 1984, 『정비·복원을 위한 몽촌토성 발굴조사 보고서』
1984	동북성벽, 외성, 성 내외 지역	서울대학교박물관 숭실대학교박물관 한양대학교박물관 단국대학교박물관	토기(통형기대), 중국 자기편 등	토기(통형기대), 중국 자기편 등	
1985	동성벽, 성 내부, 문지	서울대학교박물관	주거지 2, 저장구덩이 13, 토광묘 2, 옹관묘, 토광적석묘 등	토기(직구호, 삼족기, 고배, 기대), 과대금구, 뼈갑옷, 전문도기 등	몽촌토성발굴조사단, 1985, 『몽촌토성 발굴조사보고』
1987	동북지구	서울대학교박물관	주거지 5, 저장구덩이 9, 옹관묘 1, 토광적석묘 1	중국청자벼루, 백제연화문와당편 등	서울특별시·서울대학교박물관, 1987, 『몽촌토성』 -동북지구발굴조사보고-
1988	동남지구	서울대학교박물관	주거지 4, 저장구덩이 7, 적석유구 3, 생활면유구 1, 방형유구 1 등	토기(삼족기, 뚜껑, 직구호, 난형토기, 심발, 광구장경호, 시루, 호, 옹, 기대, 광구장견사이호) 등	서울대학교박물관, 1988, 『몽촌토성』 -동남지구발굴조사보고-
1989	서남지구	서울대학교박물관	적심건물지, 온돌건물지, 저장구덩이, 연못지, 판축대지 등	백제토기(삼족기, 고배, 기대, 직구호), 고구려토기 및 기와(원통형삼족기, 합, 동이, 장동호, 기와) , 중국 자기, 철제 아궁이테 등	서울대학교박물관, 1989, 『몽촌토성』 -서남지구발굴조사보고-
2013 ~ 2014	북문지 내측	한성백제박물관	삼국시대 도로·주거지·수혈유구, 통일신라 도로·건물지·우물·주혈군, 조선시대 건물지 등	백제토기(삼족기, 고배, 완, 연가, 기대편), 중국 청자, 시유도기, 통일신라토기(대부완, 호, 기와), 조선 백자, 옹기 등	한성백제박물관, 2016, 『몽촌토성』Ⅰ - 2013·2014년 몽촌토성 북문지 내측 발굴조사 보고서-
2014	북서벽 구 목책 설치구간	한성백제박물관	성벽, 수혈	백제토기(삼족반, 장란형토기, 고배, 옹편), 중국 청자 등	한성백제박물관, 2016, 『몽촌토성』Ⅱ-2014년 몽촌토성 북서벽 구 목책 설치구간 발굴조사 보고서-
2015 ~ 2022 현재	북문지 일원	한성백제박물관	삼국시대~통일신라시대 도로, 목곽집수지, 수혈, 주거지, 건물지, 공방지 등	백제토기('宮'자명토기, 人面文토기, 삼족기, 고배, 개배, 합), 고구려토기(호, 옹, 발), 중국 청자, 가야토기(대부완), 고구려 목간, 삼국시대 목제쟁기 등	한성백제박물관, 2019, 『몽촌토성』Ⅲ-2015~2018년 북문지 일원 발굴조사: 통일신라시대- 한성백제박물관, 2021, 『몽촌토성』Ⅳ-2015~2018년 북문지 일원 발굴조사: 삼국시대 1-

몽촌토성 발굴지역 및 주요 출토유물

❶ 사람얼굴이 새겨진 뚜껑
'궁宮'자가 새겨진 토기 조각

❷ 손잡이잔 / 세발토기

❸ 동전무늬도기조각

❹ 짧은목항아리

❺ 굽다리접시 / 동전무늬수막새조각

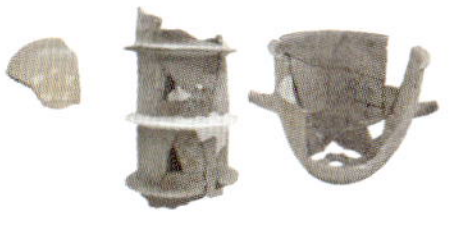

❻ 청자접시 / 원통모양그릇받침 / 시루

❼ 뼈로 만든 비늘갑옷

❽ 금동제허리띠꾸미개

❾ 동전무늬도기조각

❿ 연꽃무늬수막새

⓫ 원통모양그릇받침

⓬ 숫돌

⓭ 장군

⓮ 돌절구

⓯ 네 귀 달린 항아리

16
1983~1989년 몽촌토성 발굴조사 보고서
몽촌토성발굴조사단, 서울특별시·서울대학교박물관, 서울대학교박물관 | 1984, 1985, 1987, 1988, 1989

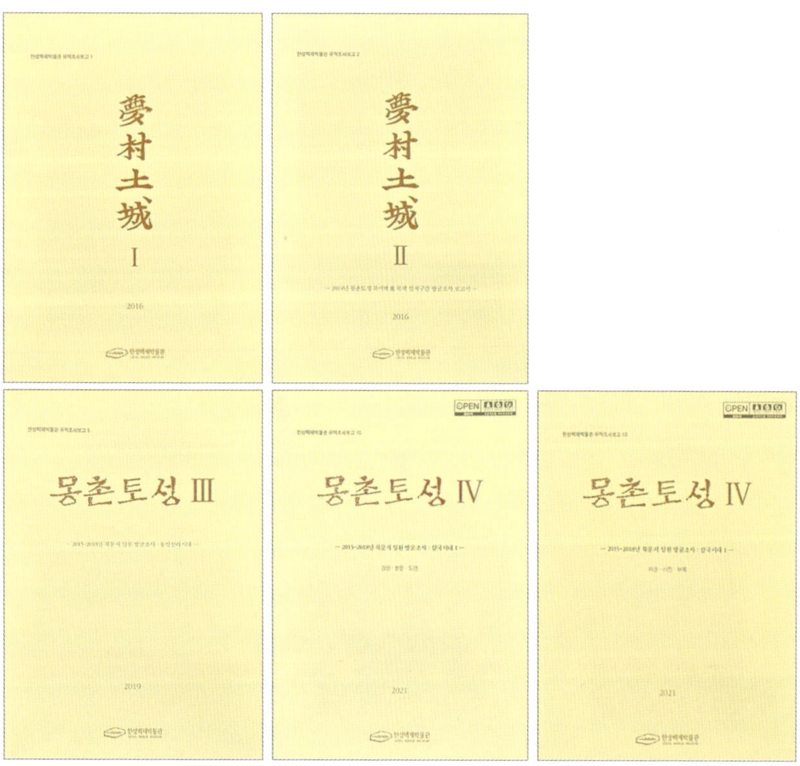

17
2013~2018년 몽촌토성 발굴조사 보고서
한성백제박물관 | 2016, 2019, 2021

18
1984년 몽촌토성 서남지구 발굴조사단
(단국대학교박물관)
서울대학교박물관

19
1985년 몽촌토성발굴조사단
서울대학교박물관

20
1985년 몽촌토성 발굴조사
서울대학교박물관

21
1985년 몽촌토성 뼈로 만든 비늘갑옷 발굴조사
서울대학교박물관

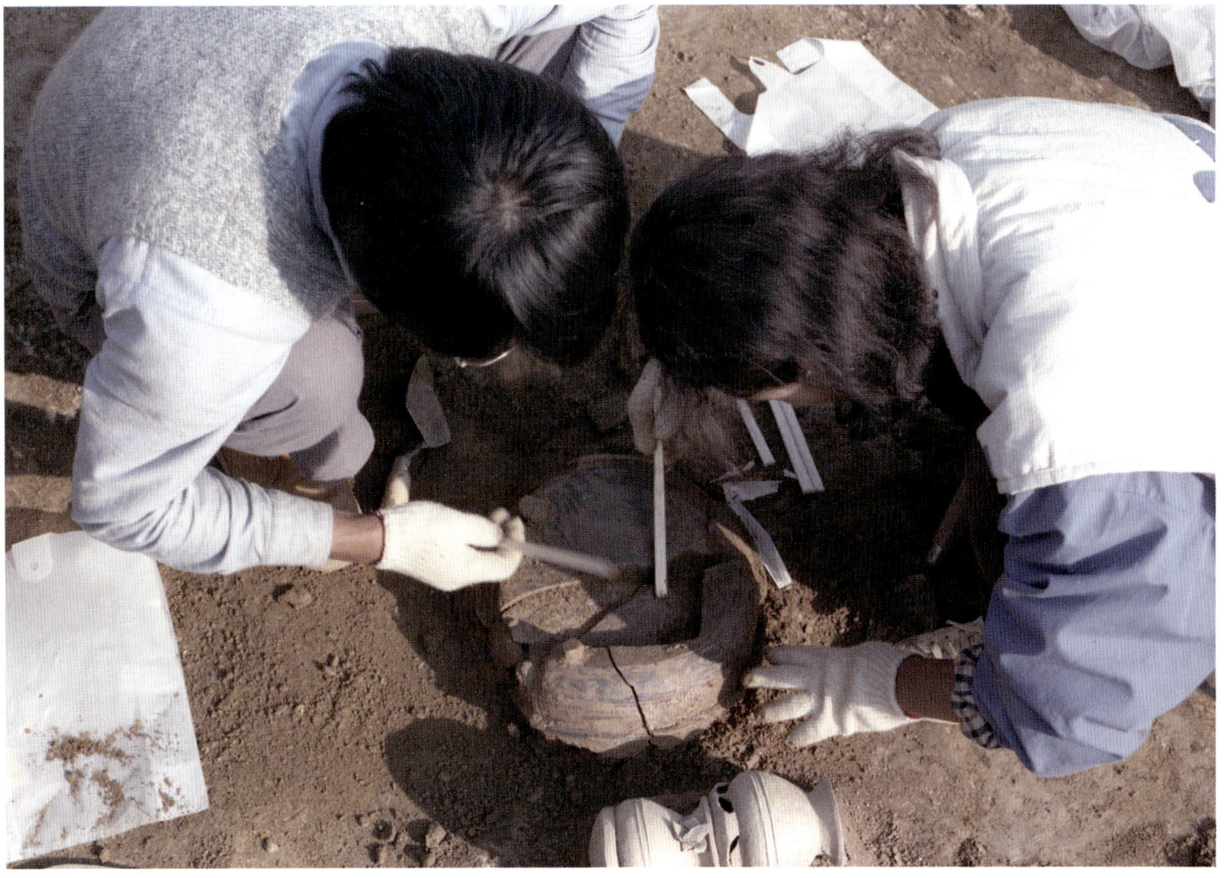

22
1985년 몽촌토성 서북지구 토광묘 발굴조사
서울대학교박물관

23
1988년 몽촌토성 동남지구 발굴조사 전경
서울대학교박물관

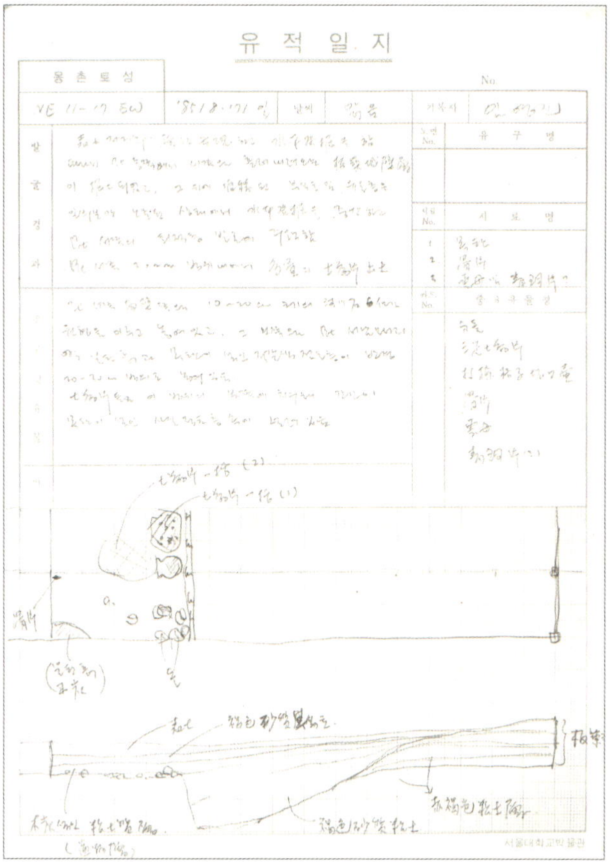
유 적 일 지

몽 촌 토 성

24
1985년 몽촌토성 발굴조사 일지(조사자 임영진)
서울대학교박물관

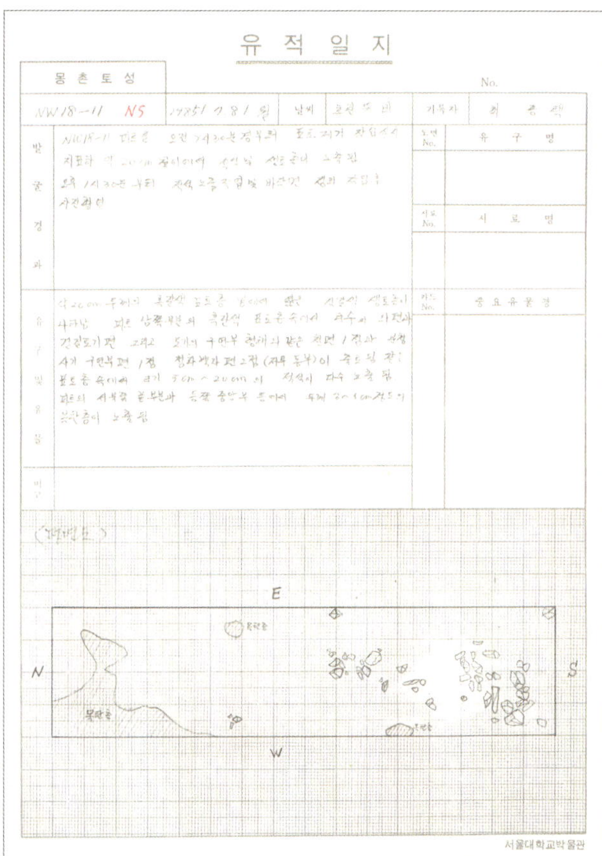
유 적 일 지

몽 촌 토 성

25
1985년 몽촌토성 발굴조사 일지(조사자 최종택)
서울대학교박물관

26
2013년 몽촌토성 북문지 일원 발굴조사 재개 개토제

27
2014년 몽촌토성 북문지 일원 발굴조사 전경

28
2015년 몽촌토성 북문지 일원
Ⅰ지구 집자리 발굴조사

29
2017년 몽촌토성 북문지 일원 Ⅱ지구 전경

30
2022년 몽촌토성 북문지 일원
Ⅰ지구 집수지 발굴조사

31
2022년 몽촌토성 북문지 일원
Ⅰ지구 집수지 쟁기 발굴조사

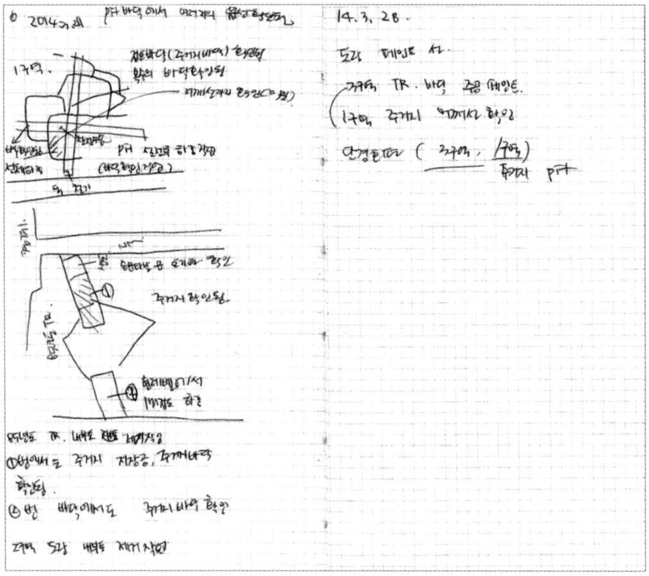

32
2014년 몽촌토성 발굴조사 일지(조사자 강현정)

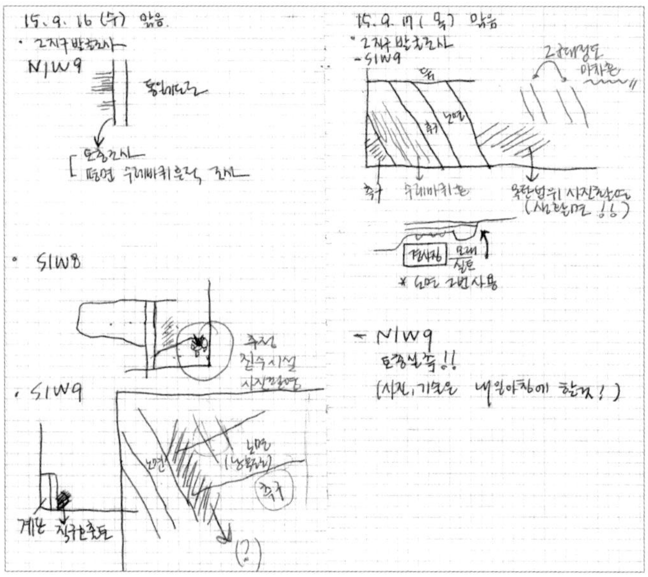

33
2015년 몽촌토성 발굴조사 일지(조사자 강현정)

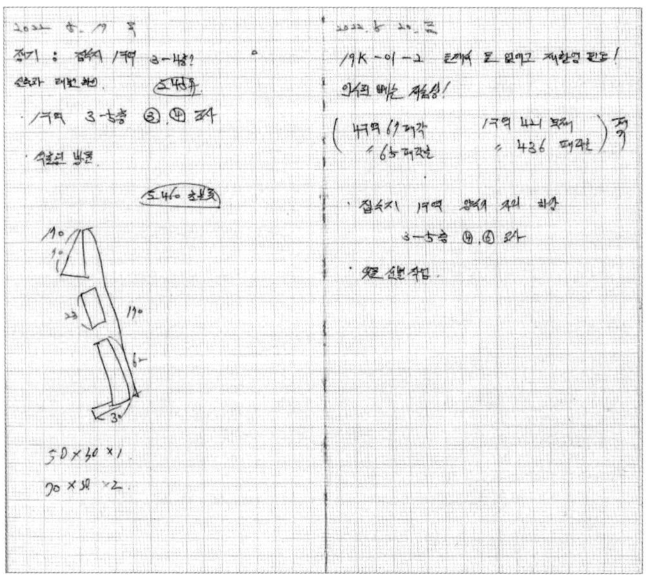

34
2022년 몽촌토성 발굴조사 일지(조사자 최재도)

35
세발토기 三足器 Tripod Vessel
백제 | 몽촌토성 | 높이 6.5cm 구경 13.0cm
국립중앙박물관

36
연꽃무늬 수막새 蓮華文瓦當 Roof-end Tiles With Lotus Design
백제 | 몽촌토성 | 지름 10.8cm
서울대학교박물관

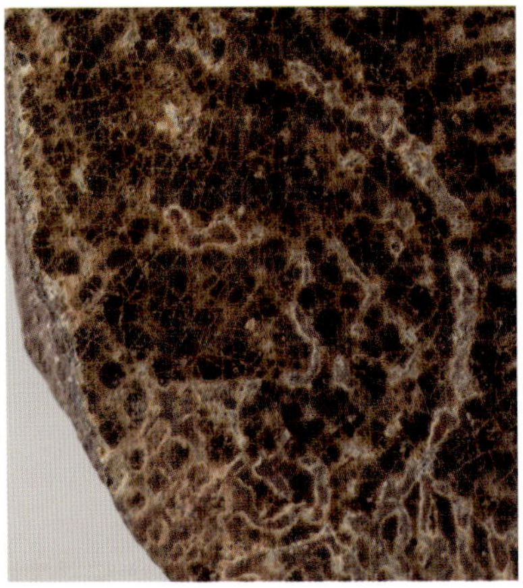

37
동전무늬도기조각 灰釉錢文陶器片 Potsherd_Pottery with Coin Pattern
중국(서진) | 몽촌토성 | 잔존길이 7.0cm | 국립중앙박물관

38
'궁宮'자가 새겨진 토기 조각 宮字銘直口壺片 Potsherd_Jar with Inscription of '宮'
백제 | 몽촌토성 | 길이 8.0cm 너비 12.0cm

39
옻칠재료가 담긴 토기 蓋杯 Lacquered Pottery
백제 | 몽촌토성 | 높이 4.5cm 복원구경 11.4cm 두께 0.3~0.6cm

40
옻칠재료가 담긴 토기 조각 蓋杯片 Lacquered Potsherd_Pottery
백제 | 몽촌토성 | 높이 3.4cm 복원드림구경 12.8cm 두께 0.35~0.8cm

41
그릇받침조각 器臺片 Potsherd_Pottery Stand
백제 | 몽촌토성 | 잔존길이 3.2cm 두께 0.6cm

42
그릇받침조각 器臺片 Potsherd_Pottery Stand
백제 | 몽촌토성 | 잔존길이 7.3cm 두께 0.8cm

인터뷰
1980년대 몽촌토성 발굴과 몽촌역사관 건립 과정

최종택
고려대학교 문화유산융합학부 교수

고려대학교 '최종택' 교수는 1980년대 서울대학교 고고학과 3학년 재학 시절 몽촌토성 발굴조사에 참여하였다. 1980년대는 고고학에 대한 연구가 부족하고, 소규모 발굴이 주를 이루던 시기였다. 몽촌토성의 대규모 발굴은 유적 전체를 대상으로 하여 고고학계에 큰 변화를 가져왔다. 이후 1992년 몽촌역사관 개관 당시 전시실 구성과 유물배치를 담당하였다.

Q. 1980년대 몽촌토성 발굴 당시 주변 상황은 어떠했나요?

1980년대 초만 해도 백제사에 대한 연구가 그렇게 활발하지 않았어요. 문헌 기록도 소략한 데다가 유적 발굴조사도 없었고요. 당시에 백제가 처음 도읍한 한성, 하남위례성이 어디인가가 학계의 큰 관심사였는데, 1980년대 초반 무렵이 몽촌토성과 풍납동 토성 일대가 하남위례성의 강력한 후보지로 논의되기 시작한 시점입니다. 그러던 차에 88서울올림픽 유치가 확정되고 몽촌토성 주변에 경기장이 건립된다고 하면서 아직 조사도 이뤄지지 않았고, 하남위례성의 후보지 중 하나인 몽촌토성 주변에 경기장을 짓는 것에 대해 학계와 언론에서는 우려와 반대를 많이 했죠. 그러한 학계의 반응 덕분에 올림픽공원을 사적 공원으로 조성하기로 결론짓고 발굴조사를 시작하게 된 것입니다.

Q. 1980년대 몽촌토성 발굴에는 어떤 의의가 있나요?

1980년대까지만 해도 우리나라의 고고학 발굴이 이렇게 대규모로 진행된 적이 없었습니다. 대체로 집자리 한 채, 혹은 마을 한쪽에 소규모 발굴을 했고 당시 행해지는 발굴이라고 해봐야 손에 꼽을 정도였는데, 올림픽공원과 관련해서 몽촌토성을 발굴하면서 국내 발굴의 규모가 달라지기 시작했습니다.

Q. 과거와 현재의 발굴조사에서 달라진 점은 무엇인가요?

우선 첫 마디로 말씀드리면 '상전벽해다. 완전히 다른 발굴을 하고 있다'는 점입니다. 1980년대 이전에는 소규모의 초보적인 발굴을 했다면, 몽촌토성에서 유적 전체를 포괄하는 발굴을 시작하고 전체를 보는 그림을 그렸다는 것이 중요합니다.

과거의 발굴은 여전히 인력으로 해결해야 했고, 모든 것을 사람의 손으로 발굴하는 상황이었고요. 과거에는 한국에 고고학에 대한 정보가 적었기 때문에 해석도 매우 낮은 수준에 머물렀었죠. 그런데 지금은 중장비를 동원하기도 하고 디지털 기기를 동원해서 발굴 전에 땅 속 상황을 파악하기도 하고, 또 발굴된 장면을 3D로 촬영해서 재현하기도 하고요.

그러다 보니 발굴방법론에도 엄청난 발전이 있었고 유적과 유물에 대한 이해도가 높아져서 해석도 다양해졌습니다. 예를 들면 과거에는 어떤 성격의 유적, 유물인지에 집중했다면, 지금은 그것을 만들고 사용한 사람은 누구인지, 그 사람들은 어떤 생각을 했는지, 그들의 사회 모습은 어땠는지 이런 연구로 진전이 되어 있어서 그때에 비하면 엄청난 차이가 있고 또 대단히 발전했다고 말씀드릴 수 있습니다.

Q. 몽촌역사관이 지역에 어떤 역할을 한다고 보시나요?

몽촌역사관의 개관부터 지금까지 강산이 세 번 변하는 시간이 지났습니다. 당초 목표보다는 좀 작고 기능도 축소된 채로 전문 연구원도 없이 시작했으나 점차 규모를 갖추고 제대로 된 박물관의 역할을 하고 있고요. 또 올해 30주년이 되어서 대규모 전시 리모델링도 앞두고 있고, 백제집자리전시관도 건물 전체를 개보수하고 있으니까 한성백제박물관과 몽촌역사관, 집자리전시관이 시스템을 갖춰서 관람객에게 우리 역사를 제대로 알려주고 전달할 수 있는 기관이 될 것으로 기대합니다.

Q. 30주년을 맞은 몽촌역사관에게 한 말씀 부탁드립니다.

몽촌역사관은 또 하나의 역사라고 생각합니다. 현재에 몽촌토성과 풍납동 토성, 석촌동 고분군까지 이 일대를 백제 왕도 한성이 아니라고 생각하는 사람은 거의 없습니다. 학계는 물론이고 특히 일반 시민들에 대한 그런 교육 홍보 효과가 굉장히 크다고 저는 생각합니다.

사실 몽촌역사관이 개관한 1992년도까지도 '왜 부여나 공주도 아닌 서울에 역사관을 지어야 하냐'는 여론이 있을 정도로 백제 왕도 한성에 대한 인식이 전혀 없었습니다. 개관부터 30년을 지나오면서 이제는 그게 일반 시민들한테까지도 '아, 여기가 백제 초기 수도이고 왕도의 한 부분이었구나'라고 30년 동안 알려져 오고 변화가 이루어진 것이죠. 그래서 학문적으로는 백제의 역사와 고고학이 활성화되고 이만큼 성장하게 된 그 중심에 있고, 또 일반 시민들을 봤을 때는 우리 고대사에 대한 이해의 폭이 넓어지게 한 과정이 30년 안에 이루어졌고, 몽촌역사관이 그 중심에 있었다. 그래서 '몽촌역사관은 또 하나의 역사다'라고 말씀드릴 수 있을 것 같습니다.

多 다
時 시
夢 몽

II

걸어온 시간을 만나다

Traces of History

1 몽촌역사관 건립
Establishment of the Mongchon Museum of History

2 몽촌역사관 성장
Development of the Mongchon Museum of History

3 몽촌역사관 발전
Evolution of the Mongchon Museum of History

1 몽촌역사관 건립

Establishment of the Mongchon Museum of History

1980년대 발굴조사를 통해 몽촌토성에서는 1만여 점의 유물과 집자리, 저장구덩이 등의 유구가 확인되었다. 그리고 세발토기, 곧은 입 항아리, 짧은목항아리, 시루 등 백제문화를 상징하는 토기들을 비롯해 뼈로 만든 비늘갑옷, 동전무늬 도기조각, 청자벼루, 금동제허리띠꾸미개, 네 귀달린 항아리 등 주목할 만한 유물도 많이 출토되었다. 이에 따라 역사학계와 고고학계에서 몽촌토성을 백제 한성도읍기의 왕성으로 주목하였다.

서울특별시는 1985년 6월 수립한 '서울고도(민족문화유적) 종합복원계획'에서 몽촌토성 안에 '백제역사관'을 건립한다는 방침을 확정하고, 문화재관리국(현 문화재청)에 백제역사관 건립 적정지 선정을 요청하였다. 문화재관리국은 1986년 2월 몽촌토성 서북지구에 백제역사관 건립을 서울특별시에 제안하였다.

그러나 주요 유물이 지속적으로 출토되면서 국가 사적 내부에 박물관을 건립할 수 없다는 학계의 문제 제기가 있었다. 이에 따라 서울올림픽조직위원회와 서울특별시는 계획을 바꿔 1989년 7월 백제역사관의 위치를 몽촌토성 바깥 피크닉 광장 옆으로 확정하고 건립 공사에 착수하였다. 1989년 9월, 6차례에 걸친 발굴조사가 끝나자 수천 점의 출토유물은 '백제역사관'을 개관할 때까지 발굴조사기관이 각각 관리하기로 하고, 일부 중요 유물만 국립중앙박물관으로 이관하였다.

기존에는 2,000평 규모의 박물관을 예정했으나, 진행 과정에서 점점 규모가 줄어들어 결국 500평 규모의 소형 역사관이 건립되었으며, 백제역사관이라는 이름은 몽촌역사관이라는 이름으로 변경되었다. 1988년 개관을 목표로 하였으나 건축이 지체되면서 1992년 1월 29일에 개관하였다.

몽촌역사관은 기획 당시에 서울의 백제왕도 역사를 종합적으로 전시 · 교육하는 역사박물관이었으나, 건물 규모가 줄어들면서 몽촌토성의 현장전시관 형태로 건립되었다. 몽촌토성 및 석촌동 고분군 출토유물 95점, 암사동 선사주거지의 출토유물 58점 등 244점의 백제문화유물이 전시되었다. 개관 당시 역사관에는 선사시대 집자리를 비롯하여 백제의 고분군, 몽촌토성 등의 모형이 전시되었고, 멀티비전 등의 영상자료를 활용하여 백제의 역사를 한눈에 볼 수 있도록 하였다.

한편 1993년 7월 1일에는 몽촌역사관 인근에 위치한 670.2㎡ 규모의 수혈주거지를 발굴조사 당시의 모습 그대로 보호각을 설치하여 개관하여 몽촌역사관이 관리하였다.[1)]

1) 수혈주거지 이름은 2005년 움집터전시관으로, 2016년 백제집자리전시관으로 변경되었다.

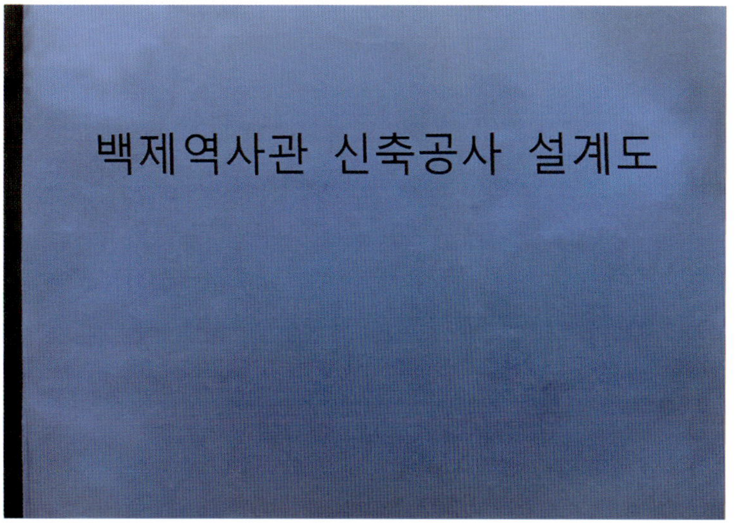

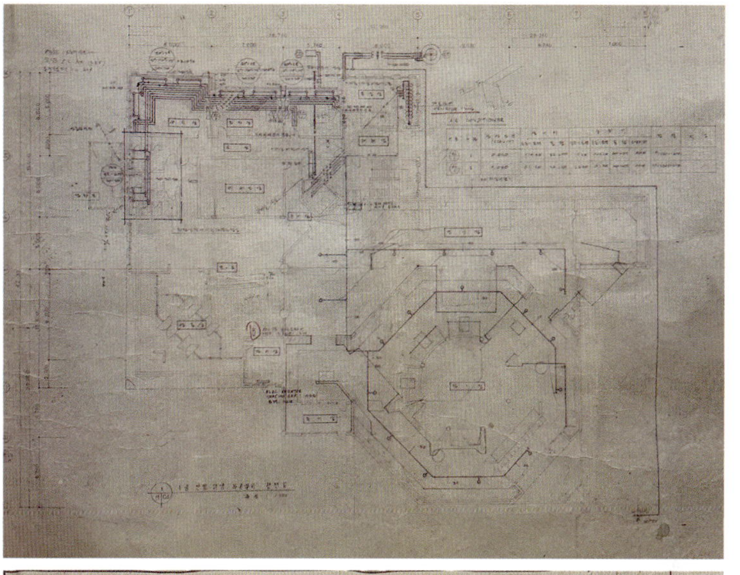

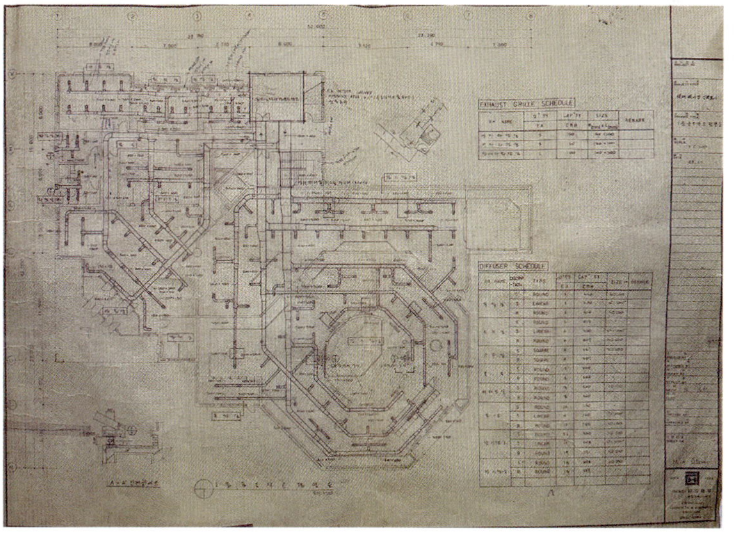

43
「백제역사관 신축공사 설계도」
종합건축사사무소 | 1987. 11.

1992년 개관한 몽촌역사관의 현판 '몽촌역사관'과 몽촌역사관 최초 도록인 『몽촌역사관유물집夢村歷史館遺物集』의 표지 글씨는 원곡原谷 김기승金基昇(1909~2000)의 작품이다.

김기승은 한글 서체인 원곡체를 개발한 한국의 서예가로서 한글의 예술화를 위해 노력을 기울였다. 주요 작품으로는 독립선언서, 안창호 선생 비문, 남한산성 영일정 현판, 유관순 열사 봉화탑 등이 있다. 대담하고 끊어질 듯하면서 힘 있는 특징을 가진 원곡체는 서예체로는 드물게 출판 디자인용 한글 서예체인 산돌체로 수용되었다. 우리에게는 찬송가 표지 글씨체, 국어대사전 표지 글씨체 등으로 익숙하다.

44
몽촌역사관 개관식
1992. 1. 29.

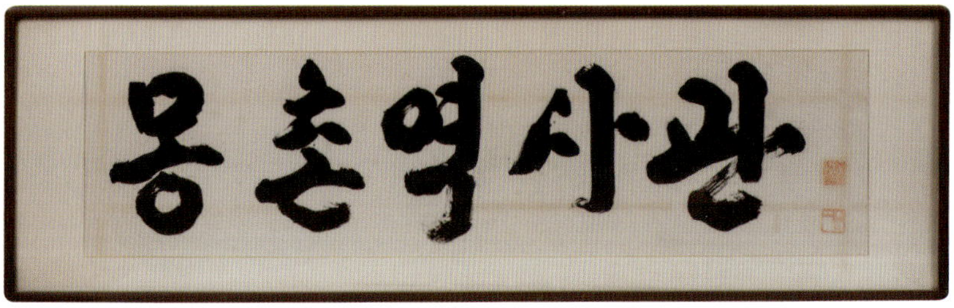

45
김기승이 쓴 몽촌역사관 현판 글씨

46
김기승의 글씨가 반영된 전시도록
『夢村歷史館遺物集』
서울특별시 | 1991년

47
개관 시 몽촌역사관 전시실
1992년

48
몽촌역사관 부속 백제집자리전시관
1993. 7. 1. 개관

2 몽촌역사관 성장

Development of the Mongchon Museum of History

1) 시민과 함께 성장하다

몽촌역사관은 몽촌을 사랑하는 많은 사람들의 활동을 통해 성장할 수 있었다. 2001년 몽촌역사관에 자발적으로 찾아온 시민들은 '한성백제문화지킴이'를 결성하고 전시 해설 자원봉사를 시작하며 백제 한성도읍기를 알리는 역할을 하였다. 이곳에서 시작된 자원봉사 활동은 강동 · 송파 지역의 학교로 점차 확대되었다. 특히, 2005년에는 한성백제박물관 건립의 필요성을 주장하며 '한성백제박물관 건립추진 서명운동'을 진행하였다.

또한 학교 교육을 통해 몽촌역사관을 접한 청소년 자원봉사동아리 '도남모개'는 동아리 활동으로 2006년 어린이를 위한 몽촌역사관 안내서를 발간하기도 하였다.

이와 같은 과정에서 몽촌역사관은 서울 지역 역사 교육의 구심점 역할을 하게 되었다.

❶ 한성백제문화지킴이의 활동

'한성백제문화지킴이'는 송파구에 한성백제 문화유적이 존재한다는 점과 백제 한성도읍기의 문화유산을 널리 알리기 위하여 노력해왔다. 특히 2005년 한성백제박물관 건립의 필요성을 주장하며 '한성백제박물관 건립추진 서명운동'을 진행하였다. 이를 통해 4,176명 시민의 동의와 송파 주민들의 적극적인 지지를 이끌어냈고, 그 결과를 서울특별시와 국민체육진흥공단에 전달하였다.

❷ 도남모개의 활동

청소년 자원봉사동아리 '도남모개'는 2006년 어린이를 위한 몽촌역사관 안내서를 발간하였다. 안내서에는 '도남모개' 학생들이 백제 한성도읍기 유적지를 찾아다니며 기록한 모니터링 내용도 담겨 있어 몽촌역사관을 알리려는 이들의 노력을 엿볼 수 있다. 특히, 내용을 몽촌역사관의 캐릭터인 '몽이'와 '초니'가 이야기해주는 방식으로 서술하여 어린이의 눈높이에 맞췄다.

한성백제 박물관 건립 추진 서명운동

1. 2000년전 고대 백제 왕국이 건립된 이곳 송파!
2. 이곳에는 풍납토성, 몽촌토성, 석촌동고분, 방이동, 가락동 고분 등이 그대로 남아 있습니다.
3. 이렇게 귀중한 유적과 문화재를 더 잘 보존하고 알리기 위해 한성백제박물관 건립을 위한 서명운동을 벌립니다.

*** 한성백제 박물관 건립은 왜 추진되어야 하는가?**

우리 송파구에는 한성백제 최초의 왕성으로 추정되는 풍납토성, 몽촌토성 그리고 왕릉으로 추정되는 석촌동고분, 방이동 고분, 가락동고분이 여전히 남아 있습니다.
우리의 소중한 이 문화유산을 바르게 전하고 널리 알리기 위하여 한성백제박물관의 건립은 절실히 필요합니다.그런데 일부에서 그 건립 추진을 저지하려는 움직임도 있습니다. 이에 송파 주민 여러분의 적극적인 한성백제 박물관 건립이 될 수 있도록 다같이 추진 운동에 동참합시다.

2005년

한성백제문화지킴이 모임 일동

49
한성백제문화지킴이의 한성백제박물관 건립추진 서명운동
2005년

한 성 백 제 문 화 지 킴 이

우 138-180 /서울시 송파구 백제고분로 242(삼전동 62-2) /전화 (02) /전송 2202-1104

수　신 : 서울특별시장, 한국체육진흥관리공단이사장

참　조 : 담당부서

제　목　한성백제 박물관 건립에 관한 건의문

1. 귀 회관의 무궁한 발전을 기원합니다.

2. 한성백제 박물관 건립 부지 선정에 관하여, 2006 - 2008년 건립 예정인 한성백제 박물관은 저희 송파구 관 내에 건립함이 타당함으로 조속한 기간 내에 건립하여 주시기를 강력히 건의합니다.

이　유

① 송파구에는 한성백제 문화유적(몽촌토성, 풍납토성, 석촌동고분, 방이동고분, 가락동고분 등)이 소재하고 있습니다.

② 한성백제 박물관 건립부지로(올림픽공원 내) 이미 예정된 것으로 압니다.

3. 위와 같은 당위성을 감안하여 송파구에 박물관 건립 추진을 위한 서명 운동을 실시한 결과를 별첨과 같이 제출합니다.

첨　부 : 항성백제박물관 건립 추진 서명 (연명부) 4176명 분

2005. 11. 24

한 성 백 제 문 화 지 킴 이 회 장

50
한성백제문화지킴이의 한성백제박물관 건립에 관한 건의문
2005. 11. 24.

51
몽촌역사관 자원봉사자 자료집

52
한성백제문화연구회의 백제역사유적지구 환경정화활동

53
『몽이와 초니의 시간여행-몽촌역사관 길라잡이』
도남모개 저, 위례역사문화연구회 | 2006년

2) 14년 만에 전시실을 개편하다

몽촌역사관은 2006년 전시유물과 패널을 교체하고 노후화된 전시관 개보수 과정을 거쳐 어린이 눈높이에 맞게 새롭게 문을 열었다. 이는 2004년 6월 서울시 문화재과에서 서울역사박물관으로 운영권이 변경된 후 1년 반에 걸친 개보수과정의 결과였다.

전시주제도 확대하여 기존 몽촌토성 출토유물 위주에서 풍납동 토성 · 고구려 구의동 유적 · 하남 이성산성 출토 신라 유물 등을 보완하여 서울지역의 고대문화 전반을 이해할 수 있도록 하였다. 특히, 어린이가 이해하기 쉽도록 전시 설명패널을 시각적으로 꾸몄다.

54
2006년 어린이 대상으로 개편된 몽촌역사관 전시실

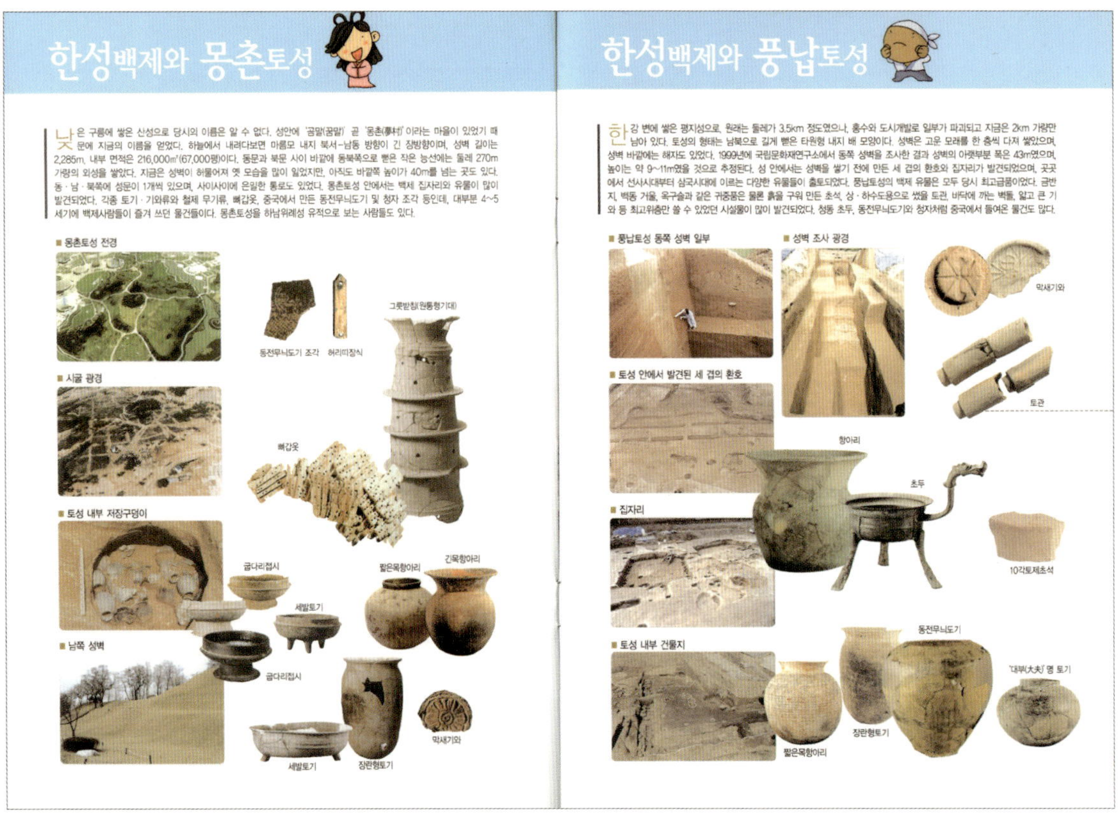

55
2008년 몽촌역사관 전시실 리플릿

56
몽촌역사관 전시실 활동지「몽촌토성 이야기」
2008년

57
2009년 몽촌역사관 전시실 리플릿

한성백제 박물관 건립 추진 서명운동

1. 2000년전 고대 백제 왕국이 건립된 이곳 송파!
2. 이곳에는 풍납토성, 몽촌토성, 석촌동고분, 방이동, 가락동 고분 등이 그대로 남아 있습니다.
3. 이렇게 귀중한 유적과 문화재를 더 잘 보존하고 알리기 위해 한성백제박물관 건립을 위한 서명운동을 벌립니다.

*** 한성백제 박물관 건립은 왜 추진되어야 하는가?**

우리 송파구에는 한성백제 최초의 왕성으로 추정되는 풍납토성, 몽촌토성 그리고 왕릉으로 추정되는 석촌동고분, 방이동 고분, 가락동고분이 여전히 남아 있습니다.
우리의 소중한 이 문화유산을 바르게 전하고 널리 알리기 위하여 한성백제박물관의 건립은 절실히 필요합니다.그런데 일부에서 그 건립 추진을 저지하려는 움직임도 있습니다. 이에 송파 주민 여러분의 적극적인 한성백제 박물관 건립이 될 수 있도록 다같이 추진 운동에 동참합시다.

2005년

한성백제문화지킴이 모임 일동

49
한성백제문화지킴이의 한성백제박물관 건립추진 서명운동
2005년

한 성 백 제 문 화 지 킴 이

우 138-180 /서울시 송파구 백제고분로 242(삼전동 62-2) /전화 (02) /전송 2202-1104

수　　신 : 서울특별시장, 한국체육진흥관리공단이사장

참　　조 : 담당부서

제　　목　한성백제 박물관 건립에 관한 건의문

1. 귀 회관의 무궁한 발전을 기원합니다.

2. 한성백제 박물관 건립 부지 선정에 관하여, 2006 - 2008년 건립 예정인 한성백제 박물관은 저희 송파구 관 내에 건립함이 타당함으로 조속한 기간 내에 건립하여 주시기를 강력히 건의합니다.

이　유

① 송파구에는 한성백제 문화유적(몽촌토성, 풍납토성, 석촌동고분, 방이동고분, 가락동고분 등)이 소재하고 있습니다.

② 한성백제 박물관 건립부지로(올림픽공원 내) 이미 예정된 것으로 압니다.

3. 위와 같은 당위성을 감안하여 송파구에 박물관 건립 추진을 위한 서명 운동을 실시한 결과를 별첨과 같이 제출합니다.

첨　부 : 한성백제박물관 건립 추진 서명 (연명부) 4176명 분

2005. 11. 24

한 성 백 제 문 화 지 킴 이 회 장

50
한성백제문화지킴이의 한성백제박물관 건립에 관한 건의문
2005. 11. 24.

51
몽촌역사관 자원봉사자 자료집

52
한성백제문화연구회의 백제역사유적지구 환경정화활동

53
『몽이와 초니의 시간여행-몽촌역사관 길라잡이』
도남모개 저, 위례역사문화연구회 | 2006년

2) 14년 만에 전시실을 개편하다

몽촌역사관은 2006년 전시유물과 패널을 교체하고 노후화된 전시관 개보수 과정을 거쳐 어린이 눈높이에 맞게 새롭게 문을 열었다. 이는 2004년 6월 서울시 문화재과에서 서울역사박물관으로 운영권이 변경된 후 1년 반에 걸친 개보수과정의 결과였다.

전시주제도 확대하여 기존 몽촌토성 출토유물 위주에서 풍납동 토성 · 고구려 구의동 유적 · 하남 이성산성 출토 신라 유물 등을 보완하여 서울지역의 고대문화 전반을 이해할 수 있도록 하였다. 특히, 어린이가 이해하기 쉽도록 전시 설명패널을 시각적으로 꾸몄다.

54
2006년 어린이 대상으로 개편된 몽촌역사관 전시실

55
2008년 몽촌역사관 전시실 리플릿

56
몽촌역사관 전시실 활동지「몽촌토성 이야기」
2008년

57
2009년 몽촌역사관 전시실 리플릿

56

3) 교육 프로그램을 개발하다

전시 개편과 함께 '몽이', '촌이', '투타치' 등 만화캐릭터를 새로 개발하여 이야기식 설명을 곁들인 어린이 교육 영상물을 제작하고, 교육 프로그램 개발을 시작하였다. 2006년 초등학생을 대상으로 한 교육을 본격적으로 기획하여 몽촌역사관 교육의 기초를 다졌다. 2007년 운영하기 시작한 〈몽촌어린이역사교실〉「촌이의 집을 소개합니다-몽촌토성과 풍납토성」은 초등학교 4~6학년 학급을 대상으로 전시실 관람과 체험활동을 연계하여 개발한 프로그램이다. 몽촌토성과 풍납동 토성 출토품을 통해 백제 한성도읍기 성곽의 특징과 당시 사람들의 생활상을 이해하고, 고대 서울의 역사와 문화를 다양하게 체험하는 내용으로 구성되어 있다.

2008년부터는 교육 대상을 기존 초등학교 학급에서 점차 가족과 문화소외계층으로 확대하는 프로그램을 기획하여 운영하였다. 2008년 운영을 시작한 〈몽촌가족체험교실〉은 초등학교 1~6학년 가족을 대상으로 몽촌토성을 탐험하는 프로그램으로 가족과 함께 전시실에서 몽촌토성을 답사하고 답사 노트를 작성하는 교육이다. 2011년에는 교육 대상을 문화소외계층으로 확대하여 〈꿈마을방과후교실〉 운영을 시작하였다.

58
몽촌역사관 캐릭터 '촌이·촌장·몽이·둥이·투타치'
2006년

59
캐릭터를 활용한 교육 영상「투타치의 고고학탐험」
2006년

60
〈몽촌어린이역사교실〉「촌이의 집을 소개합니다-몽촌토성과 풍납동 토성」 교구재
운영 2007. 4.~2009. 6.

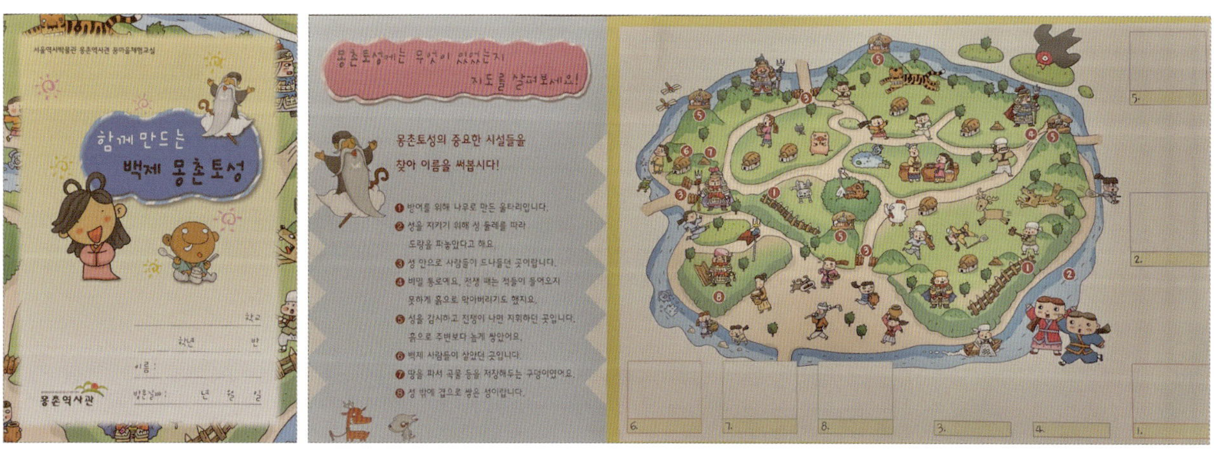

61
〈꿈마을체험교실〉「함께 만드는 백제 몽촌토성」 교구재
운영 2007. 7.~2009. 8.

62
〈몽촌어린이역사교실〉「고대 생활사전 만들기」 교구재
운영 2008. 9.~2009. 11.

63
〈몽촌가족체험교실〉「가족과 함께하는 몽촌토성 대탐험」 교구재
운영 2008. 9.~2012. 10.

64
〈꿈마을체험교실〉「지도로 찾아가는 옛 서울」 교구재
운영 2009. 1.~2013. 1.

65
〈꿈마을방과후교실〉「땡땡땡! 꿈마을놀이터」 교구재
운영 2011. 5.~2014. 7.

+ 더 알아보기

인터뷰

몽촌역사관과 자원봉사자

Q. 자원봉사를 시작하게 되신 계기가 무엇인가요?

박남주 자원봉사자: 2000년부터 한성백제문화유적 안내 및 홍보를 위한 단체를 결성하여, 문화유적 안내를 위한 전문안내자 1기 교육을 마치고, 공식적인 봉사단체로서 2001년 5월부터 몽촌역사관에서 문화유적 해설을 위한 자원봉사를 시작하였습니다. 단체의 총무로서 더욱 책임감을 느끼고 처음 시작부터 현재까지 열심히 최선을 다하고 있습니다.

민삼은 자원봉사자: 2005년도 4월 송파 노인종합복지관에서 송파구 문화유적 해설사를 시작으로 몽촌역사관 및 몽촌토성과 인연을 맺게 되었고, 2012년 5월 한성백제박물관 전시해설사를 하면서 본격적인 자원봉사의 길로 들어서게 되었습니다. 2020년 12월 송파구 자원봉사 센터에서 5,000시간 자원봉사 활동을 한 대가로 '소나무 은상'을 받으면서 자원봉사자로 제2의 인생을 살고 있으며 내가 가지고 있는 백제 한성도읍기 역사에 대한 지식을 서울시민과 나누면서 기쁨과 행복을 느끼며 생활하고 있습니다.

Q. 자원봉사자로 근무하며 인상깊었던 순간은 언제였나요?

이숙자 자원봉사자: 처음 몽촌역사관 해설 봉사를 시작했는데 몽촌토성 쓰레기 줍기부터 시작한 걸로 생각납니다. 처음에는 부끄럽고 창피했는데 3~4일 하다보니 애정과 긍지가 생기더라고요. 20일 정도 하고 해설 봉사에 전념했습니다. 처음 우리 역사관은 서로의 우정과 사랑이 두터웠다고 생각합니다. 한성백제박물관이 생기기 전이라 사무실 임직원 수가 많았습니다. 10여 년 같이 근무하니 한 식구 같았고 지금도 한 사람 한 사람 다 생각나고 좋은 추억들이 많습니다.

곽노성 자원봉사자: 몇 년 전인지 기억은 확실하지 않지만, 초등학교 5학년 학생들과 같이 토성 투어 해설 중 한 학생이 자판기에서 음료를 구입하여 "날씨가 더운데 드시고, 재미있는 이야기를 들려주세요."라고 했을 때, 백제집자리전시관에서 근무 중 시골에서 할머니, 할아버지분들께서 단체로 관람 오셔서 해설을 요청하셔서 20여 분 동안 안내해드렸더니 몇 번이고 고맙다고 말씀하실 때 저도 고마움을 느꼈습니다.

Q. 자원봉사에 관심이 있는 사람에게 한 말씀 부탁드립니다.

김종민 자원봉사자: 삼국사기에 나타나는 삼국의 건국연대는 신라, 백제, 고구려로서 신라는 기원전 57년, 고구려는 기원전 37년, 백제는 기원전 18년으로부터 백제의 668년 멸망, 고구려의 멸망까지 약 700여 년간을 말하는데 그중에서 백제의 역사에 대하여 그동안에 너무 소홀히 다루어져 온 우리의 현실을 깨달았으며 백제를 비롯한 우리나라의 역사를 공부하며 후세대들에게 중요한 역사적 사실의 메신저, 전달자가 되기를 바랍니다.

김주회 자원봉사자: 자원봉사자는 생각보다 의미 있는 일입니다. 늘 부지런히 공부해야 하기에 자기개발의 뿌듯함도 느낄 수 있습니다. 물질적인 것보다 보람에 더 의의를 두는 여유 있는 삶을 위해 자원봉사자에 도전해보세요.

3 몽촌역사관 발전

Evolution of the Mongchon Museum of History

1) 체험형 유적 박물관으로 변모하다

몽촌역사관은 2011년 4월 서울역사박물관에서 한성백제박물관으로 이관하여 운영하는 체제로 개편되었다. 2012년부터 몽촌역사관은 한성백제박물관과의 차별화를 위해 유아층이 중심이 된 체험형 유적 박물관으로 변화를 시도하였다.

2013년 전시실 내에 관람객이 직접 체험할 수 있는 백제 한성도읍기 의식주 문화를 콘텐츠로 한 어린이 체험전시장「열려라! 백제마을」을 조성하였다. 그리고 전시실에 있었던 고분 모형을 실외 공간으로 이동하여 고분모형전시장을 조성하였다. 또한 실외 공간에 발굴체험장도 조성하였다. 2014년에는 건물 입구 몽촌역사관 현판을 한강체로 바꾸고 LED 조명이 매입된 형태로 교체하였다.

2015년에는 전시실 전체를 개편하여 선사문화, 백제인의 삶, 백제왕도, 삼국의 각축, 동아시아 교류 순으로 구성하고, 「찾아라! 백제왕도」라는 발굴체험 코너, 「모형 퍼즐 복원체험 코너」, 「스탬프 투어」 등을 신설하였다. 실외 공간에는 발굴체험장도 증설하여 체험형 유적 박물관(On-site Museum)으로 변모하였다.

66
2013년 개편한 몽촌역사관 어린이 체험전시장「열려라! 백제마을」

67
2013년 조성한 야외 고분모형전시장

68
2013년 조성하고 2015년 증설한 야외 발굴체험장

69
2015년 개편한 몽촌역사관 전시실과 발굴체험코너 「찾아라! 백제왕도」

70
2014년 몽촌역사관 체험전시장 활동지 「열려라! 백제마을」

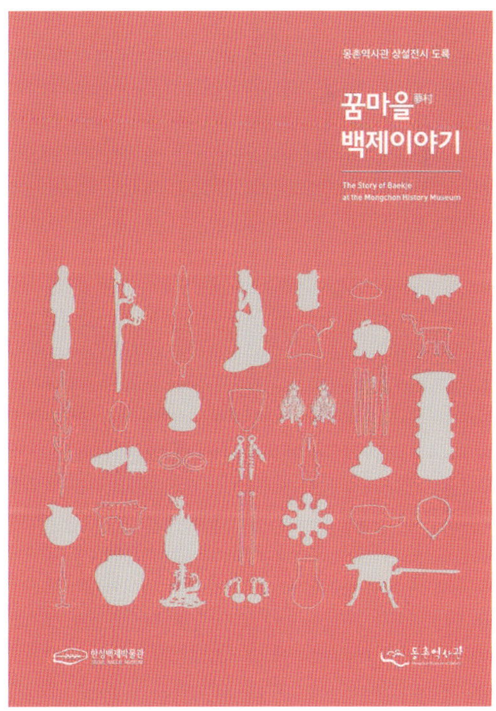

71
2016년 몽촌역사관 전시 도록 『꿈마을 백제이야기』
한성백제박물관 | 2016. 12.

72
2020년 몽촌역사관 전시 리플릿
2020. 11.

2) 다양한 교육 프로그램 개발로 배움의 장을 지속적으로 제공하다

체험전시장 조성과 연계하여 2012년부터 유아층을 중심으로 한 교육 프로그램을 대폭 확대하였다. 또한 지리적 입지를 적극 활용하여 교육 공간을 실내에서 야외로 확장함에 따라 유적 박물관으로서 현장이 중심이 된 교육 프로그램을 본격적으로 운영하기 시작하였다.

유아층 대상의 교육은 2012년에 〈꿈나무이야기교실〉, 〈꿈나무오감체험교실〉을 시작으로, 2014년 〈꿈마을공작교실〉, 2016년 〈꿈마을솜씨교실〉, 〈꿈마을공예교실〉, 2017년 〈꿈나무역사체험교실〉, 〈꿈나무호기심탐험대〉, 2019년 〈백제생활체험교실〉, 2021년 〈꿈마을창의체험교실〉 등 프로그램을 개발하여 지속적으로 운영하였다.

또한 야외 및 유적 현장 체험 활동을 활성화하여 2012년 〈몽촌어린이역사교실〉, 〈꿈나무오감체험교실〉, 〈몽촌토성투어프로그램〉을 시작으로, 2013년 〈몽촌가족체험교실〉, 〈꿈마을고고학연구소〉, 〈꿈마을캠프〉, 2016년 〈꿈마을가족체험교실〉 등 프로그램을 개발하여 운영하였다. 특히, 디지털시대에 맞춰 증강현실(AR) 스마트 앱을 〈몽촌토성투어프로그램〉에 적용하여 2021년 「출동! 몽촌토성 꾸러기 수비대」, 2022년 「모두의 몽촌토성」을 개발하여 운영하고 있다.

이 밖에도 백제사람들의 생활문화, 고고학 · 보존과학 등 전문 분야를 체험하는 심화 교육 프로그램 개발로 배움의 장을 지속적으로 제공하고 있다. 2013년 〈꿈마을고고학연구소〉, 〈꿈마을디자인연구소〉, 〈꿈마을공작교실〉, 〈백제생활체험교실〉, 2014년 〈꿈마을놀이체험교실〉, 2016년 〈꿈마을솜씨교실〉, 2017년 〈꿈마을울림교실〉, 2018년 〈백제역사탐구교실〉, 2019년 〈고대과학탐구교실〉, 2021년 〈서울역사탐구교실〉 등이 새롭게 개발한 교육 프로그램이다.

이와 같은 다종다양한 교육 프로그램을 운영하는 과정에서 2019년에는 '몽이'와 '촌이' 만화캐릭터를 새롭게 개발하여 교육 영상을 제작하였다. 2022년에는 증강현실(AR) 스마트 앱을 개발하면서 백제의 주요 실존인물들을 친근한 캐릭터로 개발하여 교육에 운영하고 있다.

73
몽촌역사관 캐릭터 '몽이·촌이'
2019년

74
캐릭터를 활용한 교육 영상 「찾아라! 세발토기 열려라! 백제왕도」
2019년

75
백제 주요인물 캐릭터
2022년

76
몽촌역사관 교육 프로그램 안내지 「배우고 익히는 몽촌역사관나들이」
2019. 5.

77
〈몽촌어린이역사교실〉「으쌰으쌰, 몽촌토성 한바퀴」 교구재
운영기간 2012. 4~6.

78
〈꿈나무오감체험교실〉「숲속 친구, 참이와 토리」 교구재
운영 2012. 5.~2022. 현재

79
〈꿈마을체험교실〉「몽촌토성 만들기 대작전」 교구재
운영 2012. 7~8.

80
〈백제생활체험교실〉「열려라! 백제마을」 교구재
운영 2013. 8.~2017. 8.

81
〈꿈마을캠프〉「1박2일 꿈마을캠프」 교구재
운영 2013. 9.~2015. 4.

82
〈꿈마을체험교실〉「슝슝~ 시간여행, 몽촌토성」 교구재
운영 2014. 1.~2018. 1.

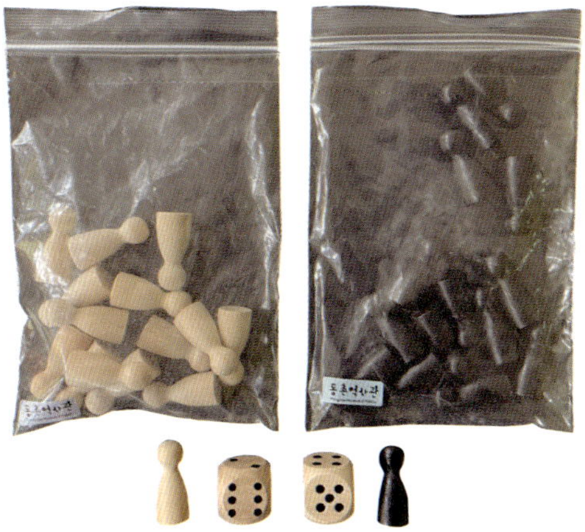

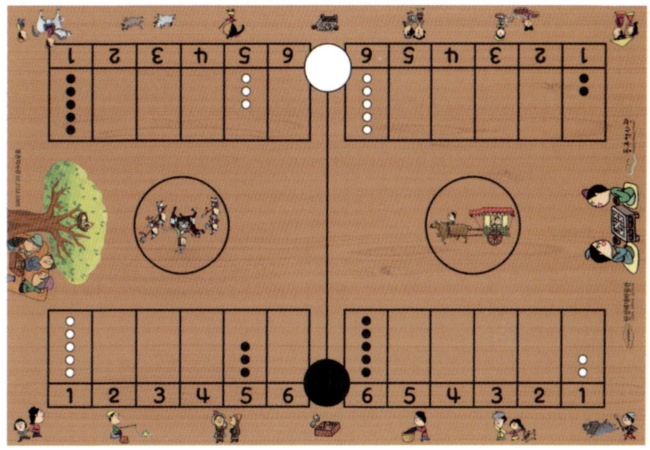

83
〈꿈마을놀이체험교실〉「누가누가 잘하나, 우리놀이」 교구재
운영 2014. 5.~2022. 현재

84
〈꿈마을공예교실〉「돌 속의 비밀, '곡옥'을 찾아라」 교구재
운영 2016. 8.~2021. 8.

85
〈몽촌가족체험교실〉「찾아라! 세계유산 백제」 교구재
운영 2017. 4.~2019. 11.

86
〈꿈나무역사체험교실〉「냠냠, 맛있는 백제밥상」 교구재
운영 2017. 5.~2022. 현재

87
〈꿈나무호기심탐험대〉「박물관에서 만나는 모양 친구들」 교구재
운영 2017. 5.~2022. 현재

88
〈백제역사탐구교실〉「삼국사기, 삼국유사로 배우는 백제, 그날」 교구재
운영 2018. 7.~2022. 현재

89
〈꿈마을체험교실〉「슝슝~ 시간여행, 백제왕성 풍납동 토성」 교구재
운영 2019. 9.~2022. 현재

90
〈몽촌토성투어프로그램〉「출동! 몽촌토성 꾸러기 수비대」 교구재
운영 2021. 5.~2022. 3.

91
〈백제생활체험교실〉「휘리릭! 변신하는 도구 친구들」 교구재
운영 2021. 10.~2022. 현재

▣ 몽촌역사관 대표 교육 프로그램

몽촌역사관 교육을 대표하고 현재도 운영중인 교육 프로그램인 〈꿈마을고고학연구소〉, 〈고대과학탐구교실〉, 〈몽촌토성투어프로그램〉의 자세한 내용을 소개한다.

❶ 꿈마을고고학연구소

2013년 4월에 시작한 〈꿈마을고고학연구소〉는 백제 한성도읍기 사람들의 생활상과 고고학 발굴조사의 개념을 배우는 체험 교육이다. 야외 발굴 체험장에서 직접 발굴한 유물을 관찰 · 조사 · 탐구 · 복원할 수 있다. 교육은 시청각 교육, 발굴체험, 실측 체험, 전시실 활동 순서로 진행한다.

92
〈꿈마을고고학연구소〉 교육활동

93
〈꿈마을고고학연구소〉 교구재
운영 2013. 4.~2022. 현재

1. 시청각 교육

백제 한성도읍기 몽촌토성과 풍납동 토성을 고고학적으로 이해하고 발굴조사의 개념을 학습

2. 발굴 체험

야외 발굴체험장에서 백제 한성도읍기 유물을 직접 발굴

3. 실측 체험

발굴한 유물을 복원·실측하고 활동지를 작성

4. 전시실 활동

전시실을 관람하며 발굴한 유물과 전시된 실제 유물을 비교

〈꿈마을고고학연구소〉 실측체험

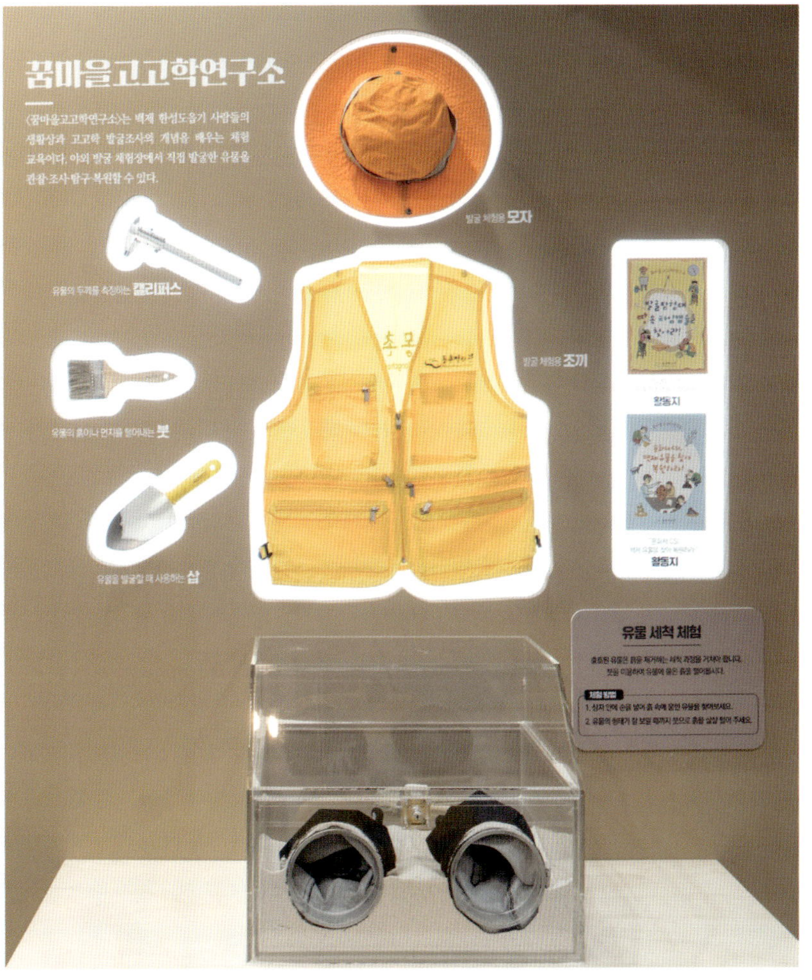

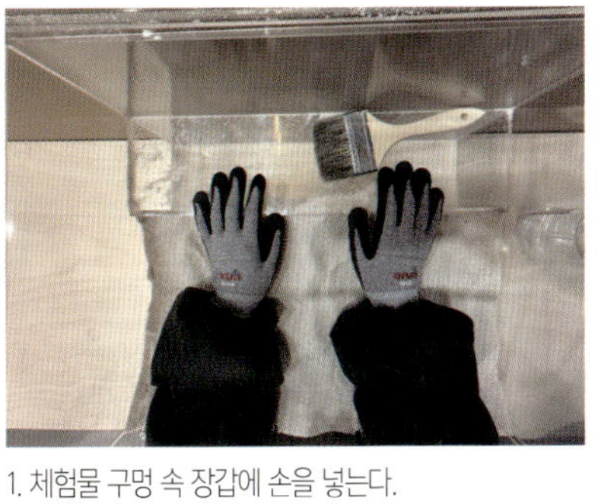

1. 체험물 구멍 속 장갑에 손을 넣는다.

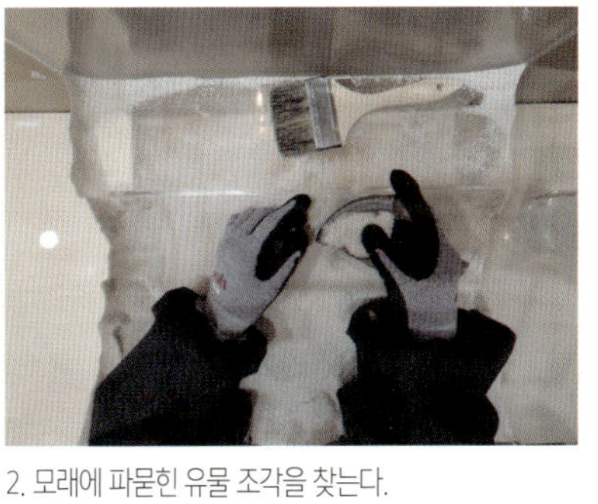

2. 모래에 파묻힌 유물 조각을 찾는다.

3. 붓으로 유물 조각에 묻은 흙을 털어 깨끗이 세척한다.

4. 유물 조각을 완형으로 맞춰 본다.

❷ 고대과학탐구교실

2019년 7월 시작한 〈고대과학탐구교실〉은 문화재의 재질별 특징과 훼손 원인을 알아보고, 어린이들이 직접 보존과학자가 되어 실험 · 복원 활동을 할 수 있는 체험 교육이다. 교육은 시청각 교육, 실험 활동, 복원 체험, 전시실 활동 순서로 진행한다.

94
〈고대과학탐구교실〉 교육활동

95
〈고대과학탐구교실〉 교구재
운영 2019. 7.~2022. 현재

1. 시청각 교육

보존과학의 의의와 필요성을 알아보고
문화재의 재질별 손상 요인과
복원 방법을 학습

2. 실험 활동

실험 활동을 통해 보존과학의 원리를 학습

3. 복원 체험

유물을 복원·실측하고 활동지를 작성

4. 전시실 활동

전시실을 관람하며 발굴한 유물과
전시된 실제 유물을 비교

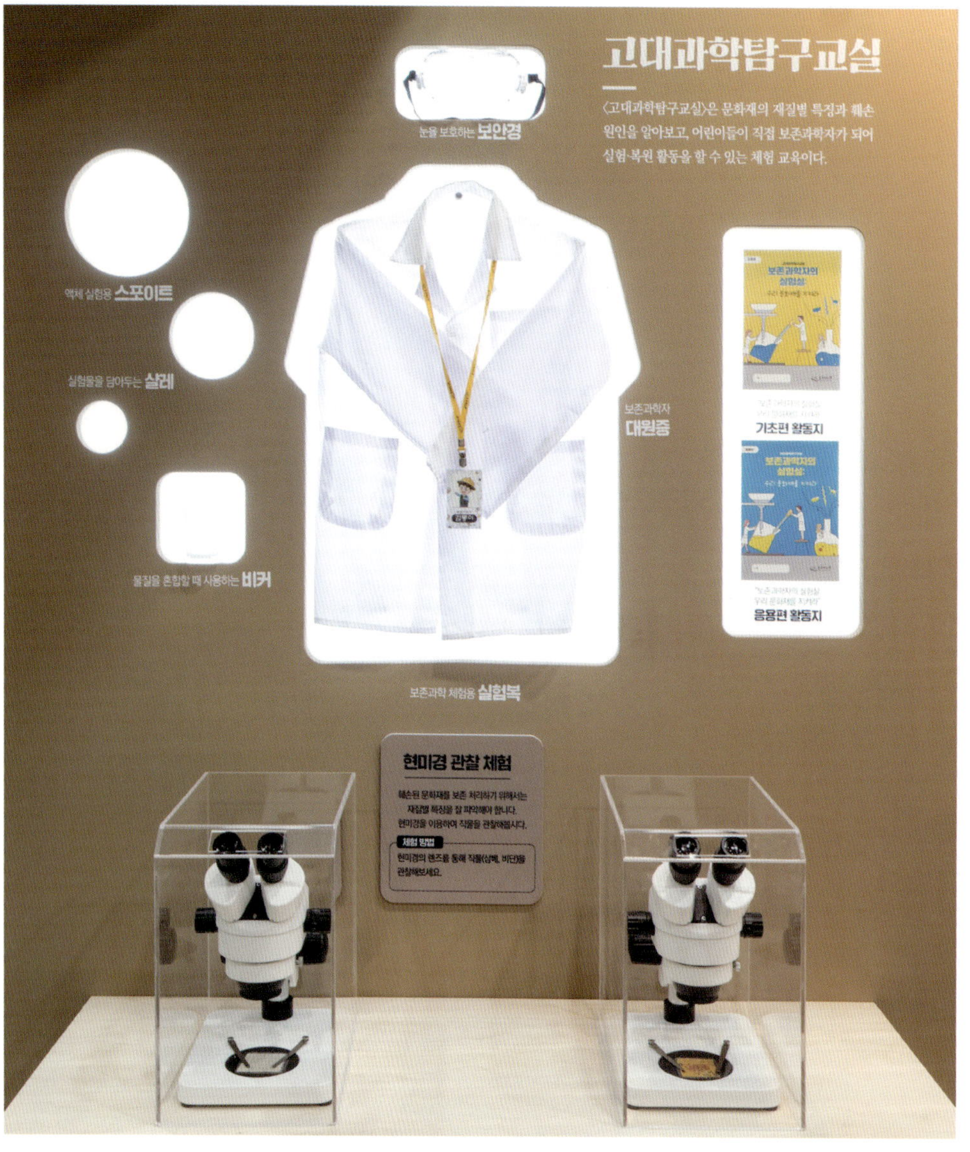

1. 현미경 앞에 바른 자세로 앉는다.

2. 접안렌즈를 보며 유물의 조직을 세밀하게 관찰한다

❸ 몽촌토성투어프로그램

〈몽촌토성투어프로그램〉은 백제 한성도읍기에 대해 학습한 후, 발굴 현장 견학 및 답사를 통해 몽촌토성을 직접 확인할 수 있는 야외 체험 교육이다. 아날로그 방식인 「한눈에 쏙~ 몽촌토성 첫걸음」과 디지털 방식인 「개로왕의 밀지: 첩자의 흔적」을 운영하고 있다.

a. 「한눈에 쏙~ 몽촌토성 첫걸음」

2012년 11월 시작한 「한눈에 쏙~몽촌토성 첫걸음」은 숙련된 자원봉사자의 해설과 함께 몽촌토성의 구석구석을 답사하는 몽촌역사관의 대표 교육이다. 특히, 시민이 해설사가 되어 어린이에게 지역의 역사를 전달한다는 점에서 의의가 있다. 유적 박물관의 특성을 살려 시민이 직접 지역 유산 보존의 주체가 되게 하는 선순환적 프로그램이라 할 수 있다. 동선은 최신 발굴성과를 공유하기 위해 북문지 인근 발굴현장을 추가하고, 참여대상도 시민들의 요청에 의해 점차 어린이와 청소년에 집중하여 운영하고 있다.

96
「한눈에 쏙~ 몽촌토성 첫걸음」 교육활동

97
「한눈에 쏙~ 몽촌토성 첫걸음」 교구재
운영 2012. 11.~2022. 현재

「한눈에 쏙~ 몽촌토성 첫걸음」 투어코스별 운영 변화 비교

<table>
<tr><th>코스</th><th>구분</th><th>2012년 운영내용</th><th>2019년 운영내용</th></tr>
<tr><td rowspan="3">A코스

</td><td>동선</td><td>몽촌역사관 → 북문 → 도로유구 → 해자 → 토단 → 곰말다리 → 해자 → 신도비 → 야생화단지, 남문 → 토단 → 백제집자리전시관 → 동문 → 목책 → 외성 → 몽촌역사관</td><td>몽촌역사관 → 북문 → 발굴현장 → 해자 → 토단 → 백제집자리전시관 → 동문 → 목책 → 성 밖 방어시설 → 몽촌역사관</td></tr>
<tr><td>소요 시간</td><td>90분</td><td>90~100분</td></tr>
<tr><td>대상</td><td>성인, 청소년</td><td>청소년</td></tr>
<tr><td rowspan="3">코스
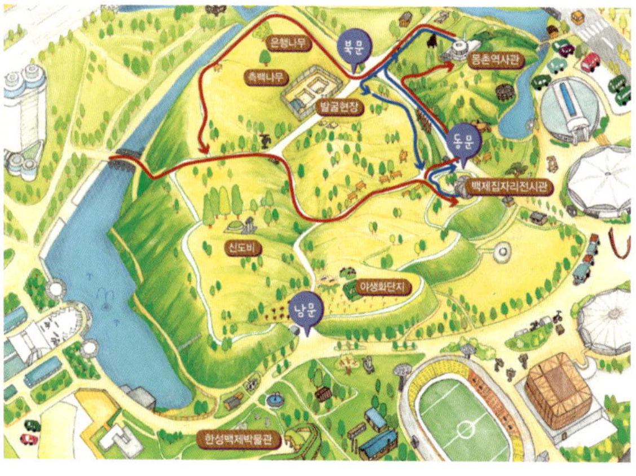
</td><td>동선</td><td>몽촌역사관 → 북문 → 도로유구 → 해자 → 토단 → 곰말다리 → 해자 → 백제집자리전시관 → 동문 → 목책 → 외성 → 몽촌역사관</td><td>몽촌역사관 → 북문 → 발굴현장 → 토단 → 목책 → 동문 → 백제집자리 전시관 → 성 밖 방어시설 → 몽촌역사관</td></tr>
<tr><td>소요 시간</td><td>50분</td><td>60~70분</td></tr>
<tr><td>대상</td><td>어린이</td><td>어린이</td></tr>
<tr><td rowspan="3">C코스
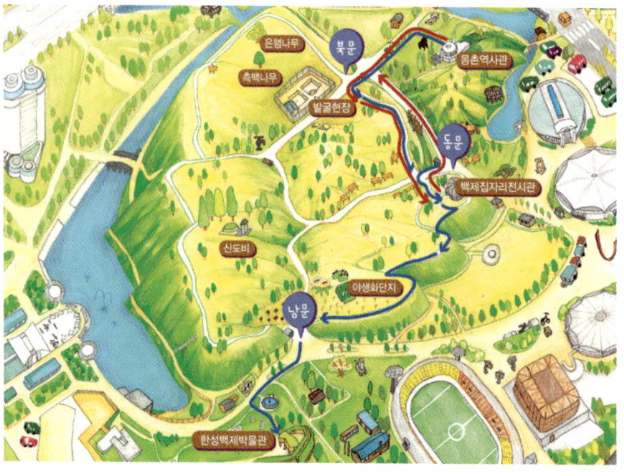
</td><td>동선</td><td>몽촌역사관 → 북문 → 토단(동문방향) → 목책(동문방향) → 동문 → 백제집자리전시관 → 동문 → 외성 → 몽촌역사관</td><td>몽촌역사관 → 북문 → 발굴현장 → 토단 → 목책 → 동문 → 백제집자리전시관 → 남문 → 한성백제박물관 입구</td></tr>
<tr><td>소요 시간</td><td>30분</td><td>70~80분</td></tr>
<tr><td>대상</td><td>유아
*유모차, 휠체어 가능</td><td>청소년</td></tr>
</table>

b. 「개로왕의 밀지: 첩자의 흔적」

2022년 5월에 시작한 「개로왕의 밀지: 첩자의 흔적」은 증강현실(AR, Augmented Reality) 스마트 앱 「모두의 몽촌토성」을 활용한 디지털 방식의 몽촌토성 현장 프로그램이다. 해설사가 몽촌토성을 안내하는 기존의 방식에서 벗어나, 참여자가 스마트폰을 이용해 능동적으로 학습할 수 있는 새로운 형태의 교육이다. 디지털 네이티브(Digital Native) 세대에게 익숙한 증강현실 기술로 유적 위에 발굴조사한 유구와 유물을 시각화하여 흥미롭고 역동적인 교육을 진행하고 있다. 교육은 시청각 교육, 몽촌토성 투어, 전시실 활동 순서로 진행된다.

몽촌토성 내부 투어코스 4종으로 구성되며, 운영시간은 각 코스당 약 20~40분이 소요된다. 투어 참여자들은 희망하는 코스를 선택하여 미션을 수행할 수 있다. '수호의 언덕' 코스는 넓은 공간을 거닐며, 몽촌토성 경관을 즐길 수 있다. '평화의 가람' 코스는 평지로 이루어져 있으며, 공원 산책길을 중심으로 진행된다. '대화의 숲' 코스는 지대가 높은 것이 특징이다. '비밀의 길' 코스는 지리가 다소 복잡하여 미션 난이도가 높다.

제시된 미션을 모두 완료하고, 몽촌역사관을 방문하는 투어 참여자에게는 손수건, 인물 뱃지, 유물 엽서, 토퍼, 완주 스티커 등 기념품을 증정하고 있다.

98
「개로왕의 밀지: 첩자의 흔적」 교육활동

99
「개로왕의 밀지: 첩자의 흔적」 교구재
운영 2022. 5.~현재

100
「개로왕의 밀지: 첩자의 흔적」 기념품
2022년

1. 시청각 교육

몽촌토성의 역사적 의의를 설명하고 모두의
「몽촌토성」으로 답사할 코스 및
앱 활용 방법을 안내

2. 몽촌토성 투어

'개로왕의 밀지: 첩자의 흔적' 메뉴를 활용하여
몽촌토성의 시설물, 유물, 백제 인물을 탐색

3. 전시실 활동

'유물 더 알아보기: 몽촌역사관' 메뉴에서
전시실의 QR 코드를 인식시켜
유물의 쓰임새를 탐색

「모두의 몽촌토성」 콘텐츠 구성

미리 알아보기

몽촌토성을 방문하지 않아도
즐길 수 있는 사전 미니 게임

몽촌토성 길 찾기

몽촌역사관 방문을 위한 길 안내

개로왕의 밀지: 첩자의 흔적

GPS를 활용한 몽촌토성 답사 게임

유물 더 알아보기: 몽촌역사관

QR 코드를 활용한 몽촌역사관
주요 전시 유물 정보 학습

「개로왕의 밀지: 첩자의 흔적」 투어코스와 주요 내용

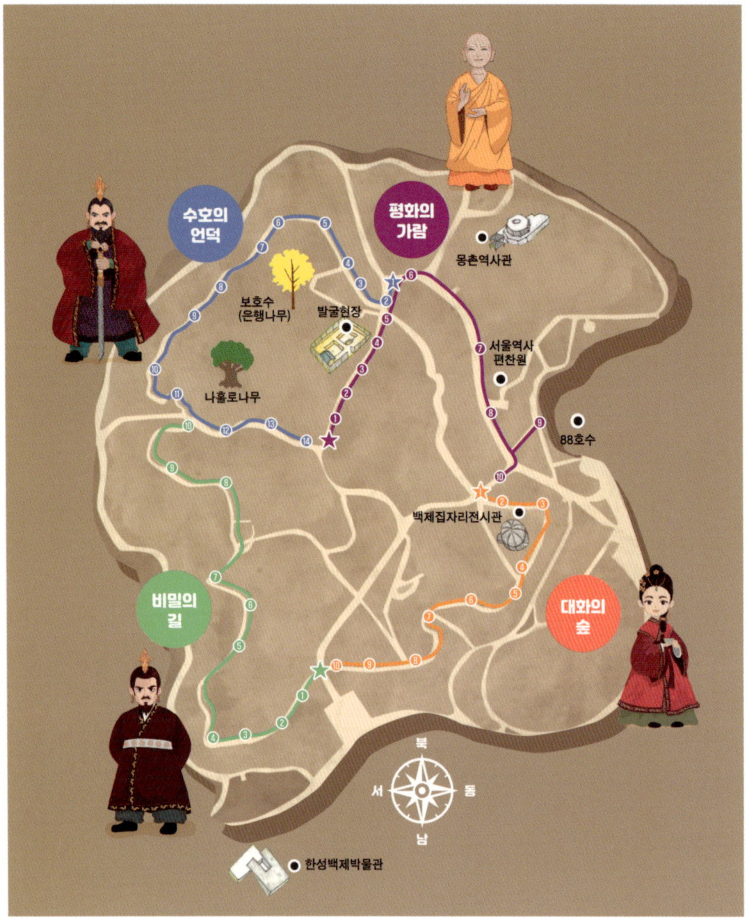

수호의 언덕

육각형 집

'궁宮'자가 새겨진 토기 조각

세발토기

평화의 가람

연꽃무늬 수막새

판축성벽(평지)

금동제허리띠 꾸미개

대화의 숲

저장구덩이

스에키

뼈로 만든 비늘갑옷

비밀의 길

원통모양 그릇받침

짧은목 항아리

동전무늬도기조각

▣ 몽촌역사관 교육 및 교구재 변화

주요 교육 연표

2007년	몽촌역사관 교육 시작 〈몽촌어린이역사교실〉 "촌이의 집을 소개합니다"
2011년	문화소외계층 대상 교육 시작
	송파구 지역 연계 프로그램 〈송파구박물관나들이〉 참여 시작
2012년	〈몽촌토성투어프로그램〉 "한눈에 쏙~ 몽촌토성 첫걸음" 시작
	유아 대상 교육 시작
	〈꿈나무오감체험교실〉 "숲 속 친구, 참이와 토리" 시작
2013년	〈꿈마을고고학연구소〉 "발굴탐험대, 땅 속 타임캡슐을 찾아라!" 시작
	〈백제생활체험교실〉 "열려라! 백제 마을~" 시작
	〈꿈마을캠프〉 "1박2일! 꿈마을캠프" 시작
2014년	〈꿈마을체험교실〉 "슝슝~ 시간여행, 몽촌토성!" 시작
2017년	〈꿈나무역사체험교실〉 "냠냠, 맛있는 백제 밥상" 시작
	〈꿈나무호기심탐험대〉 "박물관에서 만나는 모양 친구들" 시작
	〈꿈마을울림교실〉 "둥둥! 우리 음악 속으로" 시작
2019년	〈고대과학탐구교실〉 "보존과학자의 실험실: 우리 문화재를 지켜라!" 시작
	〈꿈마을체험교실〉 "슝슝~ 시간여행, 백제왕성 풍납동토성!" 시작
2020년	코로나19로 인한 온라인 교육 시작
2021년	〈몽촌토성투어프로그램〉 "출동! 몽촌토성 꾸러기 수비대" 시작
2022년	〈몽촌토성투어프로그램〉 "개로왕의 밀지: 첩자의 흔적" 시작

교구재 변화

평면형(2007~)

〈몽촌어린이역사교실〉
「촌이의 집을 소개합니다 - 몽촌토성과 풍납동 토성」
운영 2007. 4.~2009. 6.

〈몽촌가족체험교실〉
「안녕! 몽촌토성」
운영 2013. 4.~2016. 4.

입체형(2009~)

〈백제생활체험교실〉
「열려라! 백제마을」
운영 2013. 8.~2017. 8.

〈꿈마을체험교실〉
「슝슝~ 시간여행, 몽촌토성!」
운영 2014. 1.~2018. 1.
「슝슝~ 시간여행, 백제왕성 풍납동토성」
운영 2019. 9.~2022. 현재

디지털형(2022~)

〈몽촌토성투어프로그램〉
「모두의 몽촌토성」
운영 2022. 5.~2022. 현재

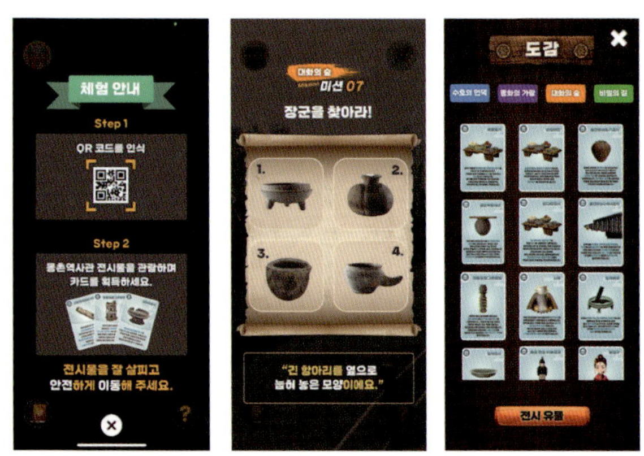

〈몽촌토성투어프로그램〉
「개로왕의 밀지: 첩자의 흔적」
운영 2022. 5.~2022. 현재

▣ 수치로 보는 몽촌역사관 운영 현황

관람객 현황

몽촌역사관 누적 관람객 현황(2003~2022)

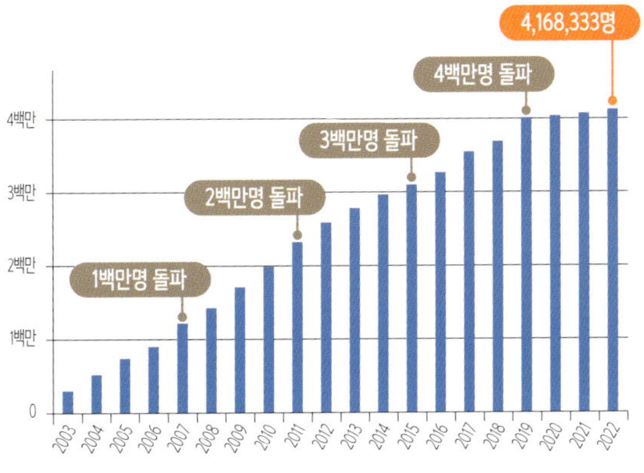

한성백제박물관 개관 후 본관 및 몽촌역사관 누적 관람객 현황(2012~2022)

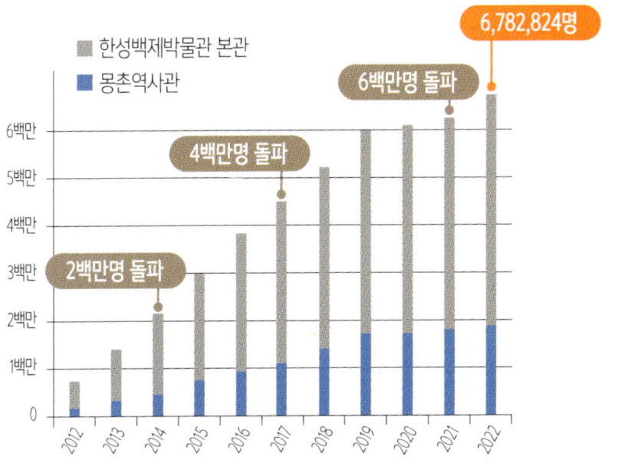

교육프로그램 운영 현황

누적 신규교육프로그램 현황(2007~2022)

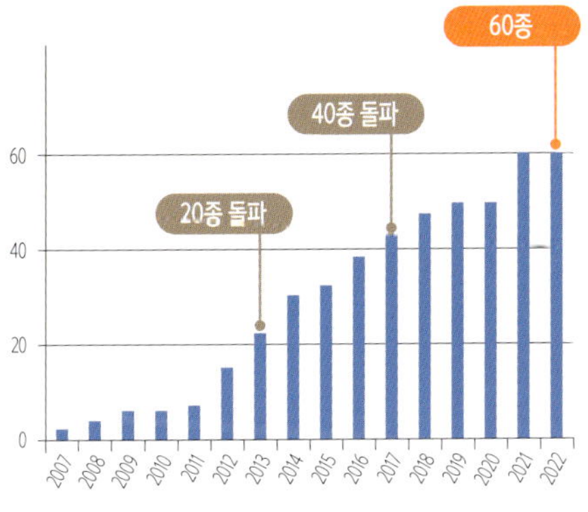

문화행사 운영 현황

누적 문화행사 현황(2007~2020)

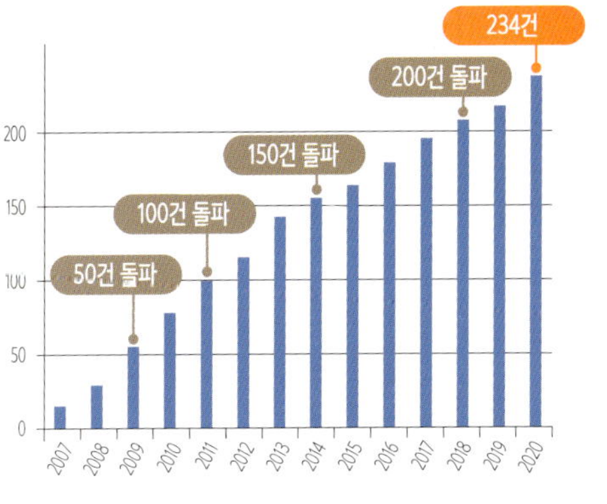

학예전문직 연수과정 운영 현황

누적 학예전문직 연수과정 교육강좌 현황(2016~2022)

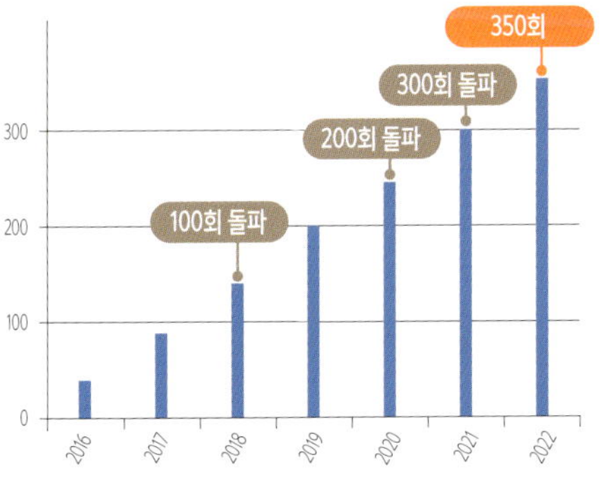

누적 학예전문직 연수과정 참여인원 현황(2016~2022)

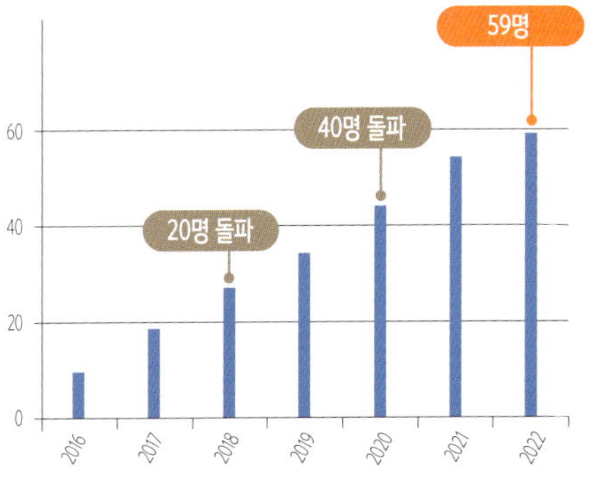

+ 더 알아보기

인터뷰
몽촌역사관과 박물관 교육

'이아라' 교사는 어린이 교육을 진행하는 유적 박물관에 관심을 갖고 2014년 3월 1일부터 2015년 2월 28일까지 1년간 몽촌역사관에서 교원 연구년 교사로 근무하며 교과 과정과 연계된 교육 프로그램 기획에 참여하였다. 이를 계기로 몽촌역사관은 백제 한성도읍기 역사를 주제로 교과 과정과 연계한 다양한 교육 프로그램을 개발하여 운영하였다.

이아라
경의초등학교 교사

Q. 역사 교육과 관련하여 논문도 쓰셨고, 국립민속박물관 교육 프로그램 공모전에서 수상하신 것으로 알고 있습니다. 역사 교육 중에 특히 어떤 교육에 관심이 있었나요?

저는 초등학교는 학생들이 살아가는 데 필요한 기초, 기본 소양을 탄탄하게 배우고 익히는 곳이라고 생각합니다. 그렇지만 어른들도 어렸을 때 공부하는 것을 좋아하지 않는 분들도 많았었잖아요. 지금 아이들도 공부를 좋아하는 친구도 있지만 그렇지 않은 친구들도 있기 때문에 그 친구들이 공부를 더 신나고 재미있게 할 수 있도록 여러 가지 방법과 장소를 찾기 위해 노력하고 있습니다.

특히, 아이들이 좋아하는 이야기, 옛이야기가 '역사'라는 이름의 과목으로 바뀌면 공부하기를 꺼리는 것을 보고 그에 대한 새로운 방식으로 박물관 교육 프로그램에 참여하게 되었습니다. 학교 안, 교과서 안의 '역사' 공부를 역사박물관, 그 중에서도 유적과 유물을 발굴하는 현장에 세워진 '몽촌역사관'과 같이 특별한 가치와 의미가 있는 박물관에서 배울 때 아이들의 '역사'에 대한 기본적인 인식부터 바뀐다고 생각했기 때문입니다.

Q. 어떤 계기로 '몽촌역사관'의 교육 프로그램 기획에 참여하였나요?

2011년 12월 한성백제박물관 개관에 앞서 진행된 교사설명회에 참석하면서 '몽촌역사관'을 알게 되었습니다. 아이들과 참여할 박물관 교육 프로그램을 찾다가 아이들이 유적지에서 유물 발굴체험을 할 수 있는 〈꿈마을고고학연구소〉에 참여하게 되었습니다. 현재 우리가 사는 서울, 이곳, 몽촌토성이 과거 백제 도읍 한성으로 먼 옛날이야기의 이야기로만 남아 있지 않고, 유적과 유물 발굴을 통해 우리와 함께 살아가는, 공존하는 곳이라는 점에서 몽촌역사관은 더욱 뜻깊은 박물관이었습니다.

Q. 몽촌역사관에서 어떤 교육을 기획하였나요?

아이들과 몽촌역사관 교육 프로그램에 참여한 후, 교육 내용과 운영과정의 세심함에 감탄하여 1년간의 교원연구년을 몽촌역사관에서 지낼 수 있도록 요청했습니다. 박물관 교육 프로그램을 통해 몽촌토성을 알리기에 열정적이신 윤수희 학예사님과 여러 연구원 선생님들, 교육 강사님의 톡톡 튀는 아이디어로 다양한 교육 프로그램이 만들어졌습니다.

저는 주로 프로그램이 만들어지는 과정에서 참여하는 학생들의 수준과 특성, 교육과정과의 연계 등을 모니터링하는 활동을 했습니다. 〈꿈마을고고학연구소〉, 〈꿈마을놀이체험교실〉, 〈꿈나무오감체험교실〉 등의 프로그램 모니터링을 함께 했습니다. 교원연구년 기간 동안 제가 기획한 교육은 '과거와 함께'라는 프로그램으로 이는 몽촌토성 발굴 현장을 찾아가 유적과 유물을 답사하면서 함께 공부하는 것입니다.

Q. 현재의 몽촌역사관이 지역 교육, 박물관 교육에 어떤 역할을 한다고 생각하나요?

강동, 송파 지역의 학생들에게 박물관은 재미와 배움을 동시에 해결할 수 있는, 친구들과 함께 참여하는 또 다른 학교입니다. 방학 중에는 '박물관 나들이' 프로그램을 통해 가족들과 나들이와 체험을 함께 하면서 선물도 받을 수 있는 성취와 추억의 공간이라고 생각합니다. 아이들이 커서 또 그 아이들과 함께 찾아올 미래의 공간이 되기도 한다고 생각합니다.

국립경주박물관의 학예사 중에는 '경주어린이박물관학교' 졸업생들이 특히 많다고 합니다. 아마 몽촌역사관과 한성백제박물관도 그렇지 않을까요? 가족들과 함께 찾아왔던 어린이들이 박물관에서 일하는 학예사가 되는 경우가 속속히 생길 것이라고 생각합니다.

인터뷰
몽촌역사관 교육의 다양화

윤수희
몽촌역사관 학예연구사

Q. 현재 몽촌역사관 팀장이자 학예연구사로서 어떤 업무를 하고 계신가요?

저는 몽촌역사관에서 전시와 교육을 총괄하여 운영하고 있습니다. 몽촌역사관은 몽촌토성을 중심으로 서울의 고대 역사와 문화를 전시 · 교육하는 공간입니다. 최근에는 역사관을 찾는 어린이의 연령이 점점 더 어려지고 있는데요. 어린이와 유아들이 서울의 역사를 쉽게 이해할 수 있도록 다양한 체험형 전시와 교육을 새롭게 개발하고 운영하여 박물관에서 처음 배우는 역사를 재미있게 인식시키려고 노력하고 있습니다.

Q. 2009년 부임 당시 몽촌역사관의 상황은 어땠나요?

몽촌역사관은 오랫동안 학예연구사보다는 시설직 직원들이 중심이 되어 운영되었습니다. 2007년 근무한 김선정 학예연구사가 새로운 시도를 많이 하였습니다. 특히 전시실 개편과 함께 어린이 교육을 처음 시작하여 이후 몽촌역사관이 어린이 교육 분야에서 두각을 나타내는 데 큰 역할을 하였다고 생각합니다. 2009년 제가 왔을 때는 어린이 교육을 개인과 학급 대상으로 나누어 많은 시도와 개발을 하는 시기였는데, 현재도 출강하는 교육 강사 중 대다수가 당시에도 좋은 강의를 하였다고 기억합니다.

Q. 김선정 학예연구사가 몽촌역사관 교육의 기본 설계 작업을 했다면, 윤수희 학예연구사는 몽촌역사관 교육의 심화 작업을 한 것으로 보입니다.
몽촌역사관 교육에서 가장 주안점을 두었던 것은 무엇인가요?

무엇이든 없는 데에서 처음 시작하는 것이 가장 힘들다고 생각합니다. 저는 기초가 닦아져 있던 데에서 한두 가지씩 변화를 주거나 수량을 늘려가면서 업무한 것이라, 전임자에 비해 훨씬 업무환경도 좋고 일하기가 수월했던 것 같습니다.

특히 역사관 업무에서 중요하게 생각한 것은, 몽촌역사관의 경우 열정이 넘치는 자원봉사자를 이미 많이 보유하고 있었기 때문에 자원봉사자와 함께 전시와 교육을 개발하고자 했습니다. 전반적으로 송파구의 경우 자원봉사자의 수준이 매우 높았고, 특히 지역사 학습에 대해 학구적인 관점에서 오랫동안 공부해오신 분들이 많았습니다. 지역의 어린이와 시민에 대한 애정을 기반으로 각종 역사모임과 봉사센터에서 활동한 시간이 매우 길어서, 약간만 함께 공부하면서 중심을 잡으면 좋은 강사가 될 수 있다고 생각했습니다. 그래서 몽촌토성 답사를 통해 학생단체를 인솔하여 교육하는 프로그램을 몽촌역사관의 대표 교육 으로 만들었습니다. 몽촌토성 답사는 현재까지도 가장 많은 시민이 참여하는 교육으로 계속 이어가고 있습니다.

인터뷰

몽촌역사관 교육의 다양화

한소영
몽촌역사관 학예연구원

Q. 몽촌역사관의 교육이 나아가야 할 방향이 어디라고 생각하시나요?

앞으로도 현장 교육과 온라인 교육을 병행하여 몽촌토성의 역사성을 널리 알릴 수 있었으면 좋겠습니다. 예전 몽촌역사관의 현장 교육에서는 송파구, 강동구, 강남구, 광진구 교육생들의 비율이 압도적으로 높았다면, COVID-19 이후에 용산구, 중랑구, 동대문구, 성북구 등의 비율이 점차 높아지는 추세입니다. 이는 온라인 교육의 운영으로 기관 홍보가 되었기 때문이 아닐까 생각합니다.

현장 교육에 대한 수요가 높아졌지만, 여전히 온라인 교육에 대한 문의가 많은 편입니다. 공주, 익산, 나주 등 다른 시기의 백제권에 거주하는 교육생도 몽촌역사관의 교육을 신청하고 참여합니다. 이는 본인들이 거주하는 지역의 역사에 대해 더욱 잘 이해하고 싶어서 신청하는 것이 아닐까 생각해봅니다.

Q. 몽촌역사관은 매년 42개의 교육을 257회에 걸쳐서 진행하고 있습니다. 다양한 교육의 기획과정을 진행하면서 어떤 생각을 했는지 궁금합니다.

몽촌역사관의 교육 개발은 대부분 설문지 마지막 질문의 응답으로 결정되었습니다. 모든 설문지의 마지막 문항은 "앞으로 몽촌역사관에서 참가하고 싶은 프로그램이나 하고 싶은 말이 있으면 적어주세요."입니다.

"가족 단위로 발굴체험을 하고 싶어요"라는 답이 가장 많이 나온 해의 다음에는 〈꿈마을가족체험교실〉 교육을 개발하였고, "백제 옷을 만들어보고 싶어요."라는 답이 가장 많은 나오면 다음 해에는 백제 복식에 대해 알아보고 백제의 옷을 만들어보는 〈꿈마을솜씨교실〉을 개발하였습니다. "백제 음악에 대해 알고 싶어요."라는 응답이 많은 해의 다음 해에는 고대 악기와 음악에 대해 알아보는 〈꿈마을울림교실〉을 개발하였습니다.

이렇게 주제가 정해지면 다른 기관에 참고할 만한 교육이 있는지, 주제와 관련 논문과 책이 있는지 조사합니다. 이후 교육 강사들과 공부를 하고 여러 차례 회의하며 교육의 방향을 잡아갑니다. 이렇게 개발한 교육은 때에 따라 시범운영을 하고, 시뮬레이션도 여러 번 한 후 비로소 교육생을 모집하고 운영하게 됩니다.

몽촌역사관의 모든 교육은 더 좋은 교육을 위해 전 회차 자체 모니터링을 합니다. 생각보다 많은 시간이 걸리는 일이지만, 바로 교육생들의 반응과 문제점 등을 파악할 수 있어 좋은 것 같습니다. 이렇게 모니터링한 내용을 바탕으로 다음 교육을 운영할 때 활동 시간, 활동 구성 등 일부를 변경·보완합니다. 물론 많은 교육을 준비하고 지원하는 일이 쉽지는 않지만, 양질의 교육을 받았다고 고맙다고 인사하는 교육생들을 보면 힘들었던 마음이 싹 풀리며 뿌듯한 마음이 듭니다.

+ 더 알아보기

「모두의 몽촌토성」 개발 과정 엿보기

1) 시나리오와 캐릭터 개발

시나리오 회의

「모두의 몽촌토성」의 '개로왕의 밀지: 첩자의 흔적' 메뉴는 몽촌토성 내 주요 지점에서 출토된 유구·유물과 백제 한성도읍기 인물을 학습할 수 있는 몽촌토성 답사 콘텐츠이다. 이에 따라 백제 한성도읍기의 주요 인물과 유구, 유물을 활용한 시나리오와 인물 캐릭터를 자체적으로 개발하였다.

그 중 인물 캐릭터는 개발 초기 단계의 어색한 디자인에서 현재의 모습이 나오기까지 수십 번의 회의와 수정을 거듭하여 완성되었다. 인물의 동작이나 들고 있는 사물은 『삼국사기』 등 사료를 참고하여 각 인물의 특징을 반영하였다.

2) 전문가 자문

전문가 자문회의

앱의 완성도를 높이기 위해 총 9개 분야 41명의 자문위원에게 29번에 걸쳐 콘텐츠에 대한 자문을 받았다. 이를 통해 고고학, 역사, 고건축, 전통 복식 등의 측면에서 역사적 고증이 확실히 이루어지도록 하였고 박물관 교육 학예사와 교육청·초등학교 교사 등의 자문을 통해 교육적 효과를 높이고자 하였다. 또한 콘텐츠뿐만 아니라 스마트 미디어 기술을 적절히 적용할 수 있도록 미디어와 IT 공학, 디지털 스토리텔링 분야의 전문가 자문회의도 진행하였다.

캐릭터 신체도원의 변화상

1. 백제의 화려함과 섬세함을 모티브로 간결하고 세련된 캐릭터 제작
2. 실제 인체 비율로 제작한 이전의 버전과 다르게 어린이 대상으로 하여 동화 이미지로 변화
3. 초기캐릭터를 참고하여 동화 같은 이미지를 탈피
4. 부자연스러운 동작에서 자연스러운 동작으로 보완하였고, 그림자나 옷의 질감을 더 사실적으로 표현

분야별 자문위원

분야	자문위원	분야	자문위원	분야	자문위원
고고학	박순발(충남대학교 교수) 이한용(전곡선사박물관 관장) 최종택(고려대학교 교수)	박물관 (전시·교육)	기 량(문화체육관광부 학예연구관) 백 령(경희대학교 교수) 오영찬(이화여자대학교 교수) 전배호(국립중앙박물관) 권동연(박물관 교육 전문강사) 김정은(박물관 교육 전문강사) 박수연(박물관 교육 전문강사)	디지털 스토리텔링	이동은(가톨릭대학교 교수)
역사 (문화재, 전통 복식)	문은순(서울특별시 학예연구사) 이병호(공주교육대학교 교수) 임기환(서울교육대학교 교수) 장남원(이화여자대학교 교수) 조경철(연세대학교 교수) 최은수(국립민속박물관 학예연구관)	미디어 (영상·실감콘텐츠)	김현석(홍익대학교 교수) 박진호(카이스트 교수) 송미숙(대림대학교 교수) 안재홍(카이스트 교수) 안형기(고려대학교 교수) 유관숙(전시콘텐츠 영상감독) 이태희(국립중앙박물관 학예연구관)	초등교육	민슬기(선일초등학교 교사) 박수진(정인학교 교사) 백인선(경덕초등학교 교사) 이아라(경의초등학교 교사) 이윤경(승덕초등학교 교사) 이인환(잠신초등학교 교사) 이재영(중동초등학교 교사) 조윤호(고일초등학교 교사) 최승규(서울시교육청 장학사) 한해원(성내초등학교 교사)
고건축	김왕직(명지대학교 교수)	IT 공학	김기영(서일대학교 교수) 박철호(두원공과대학교 교수) 백영태(김포대학교 교수) 임석진(인덕대학교 교수) 정용규(을지대학교 교수)	어린이 동화	김유신(어린이 동화작가) 남지은(어린이 동화작가)

多 다
時 시
夢 몽

III

다가올 내일을 꿈꾸다

Dream of Tomorrow

모두의 몽촌토성

Everyone's Mongchontoseong Earthen FortificationTraces of History

모두의 몽촌토성

Everyone's Mongchontoseong Earthen Fortification

서울은 기원전 18년 온조왕이 세운 고대왕국 '백제'의 건국지로서 2천 년 이상의 역사가 흐르는 고도古都이다. 7백 년 백제 역사와 2천 년 서울 역사가 시작된 송파 지역 일대는 백제의 첫 번째 왕도인 한성 5백 년의 역사와 문화가 깃들어 있다. 그 흔적은 왕성인 풍납동 토성과 몽촌토성, 왕실 무덤인 석촌동 고분군과 방이동 고분군 등에서 만날 수 있다.

백제 왕도는 서울, 공주, 부여, 익산 네 도시에 흩어져 있으며, 도시별로 앞 시기의 문화를 계승하고 발전시키면서 특징적인 문화양상을 보여주고 있다. 특히 백제 후기 왕도인 공주, 부여, 익산 세 도시의 유산은 유네스코세계유산위원회WHC로부터 탁월한 가치를 인정받아 2015년 세계유산 '백제역사유적지구Baekje Hisoric Areas'로 등재되었다. 세계유산으로 등재된 8개 유산은 백제 왕도를 구성하는 핵심 시설인 왕성, 방어성, 왕실 무덤, 종교시설로 이루어져 있다.

앞으로 '백제역사유적지구'의 범위를 백제 전기 왕도 서울의 유산으로 확장하여, 네 도시에 흩어진 백제 왕도 유산이 연계된 하나의 온전한 백제 역사문화 복원을 통해 명실공히 진정한 '백제역사유적지구'로 세계인을 만나기를 기대한다.

백제 역사와 도읍지 이동

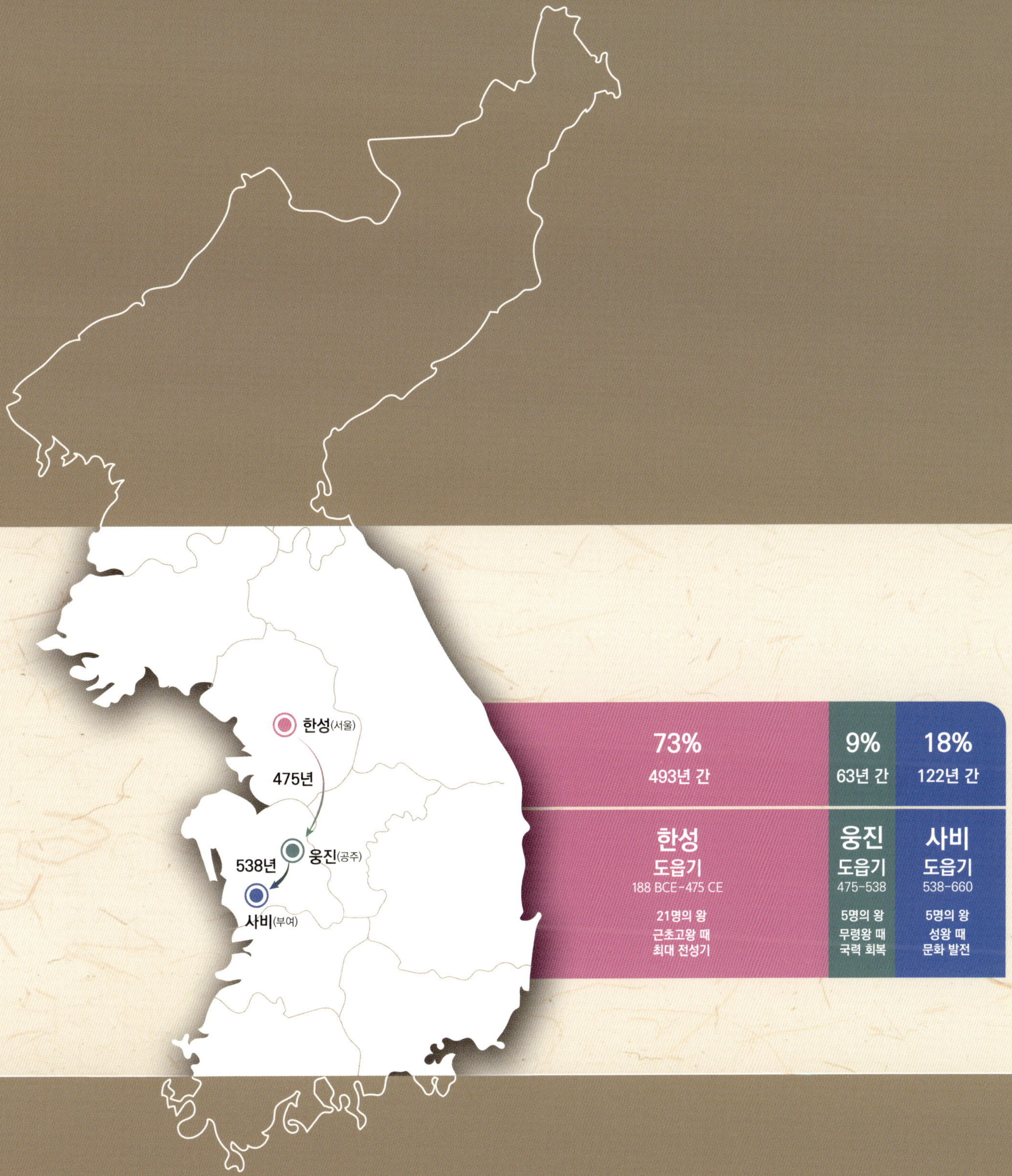

한성(서울)
475년
웅진(공주)
538년
사비(부여)
73%
493년 간
9%
63년 간
18%
122년 간
한성
도읍기
188 BCE-475 CE
21명의 왕
근초고왕 때
최대 전성기
웅진
도읍기
475-538
5명의 왕
무령왕 때
국력 회복
사비
도읍기
538-660
5명의 왕
성왕 때
문화 발전

18 BCE | 475 CE | 538 | 660

한성 도읍기 | 서울 — **웅진 도읍기** | 공주 — **사비 도읍기** | 부여 — | 익산

풍납동 토성과 몽촌토성

공산성

관북리 유적과 부소산성

왕궁리 유적

석촌동 고분군

공주 무령왕릉과 왕릉원

부여 왕릉원

쌍릉

지 역	서울	공주	부여	익산
세계유산	미래의 세계유산	세계유산 등재(2015)		
왕 성	풍납동 토성과 몽촌토성	공산성	관북리 유적과 부소산성	왕궁리 유적
왕실무덤	석촌동 · 방이동 고분군	공주 무령왕릉과 왕릉원	부여 왕릉원	–
종교시설	–	–	정림사지	미륵사지
방 어 성	–	–	나성	–

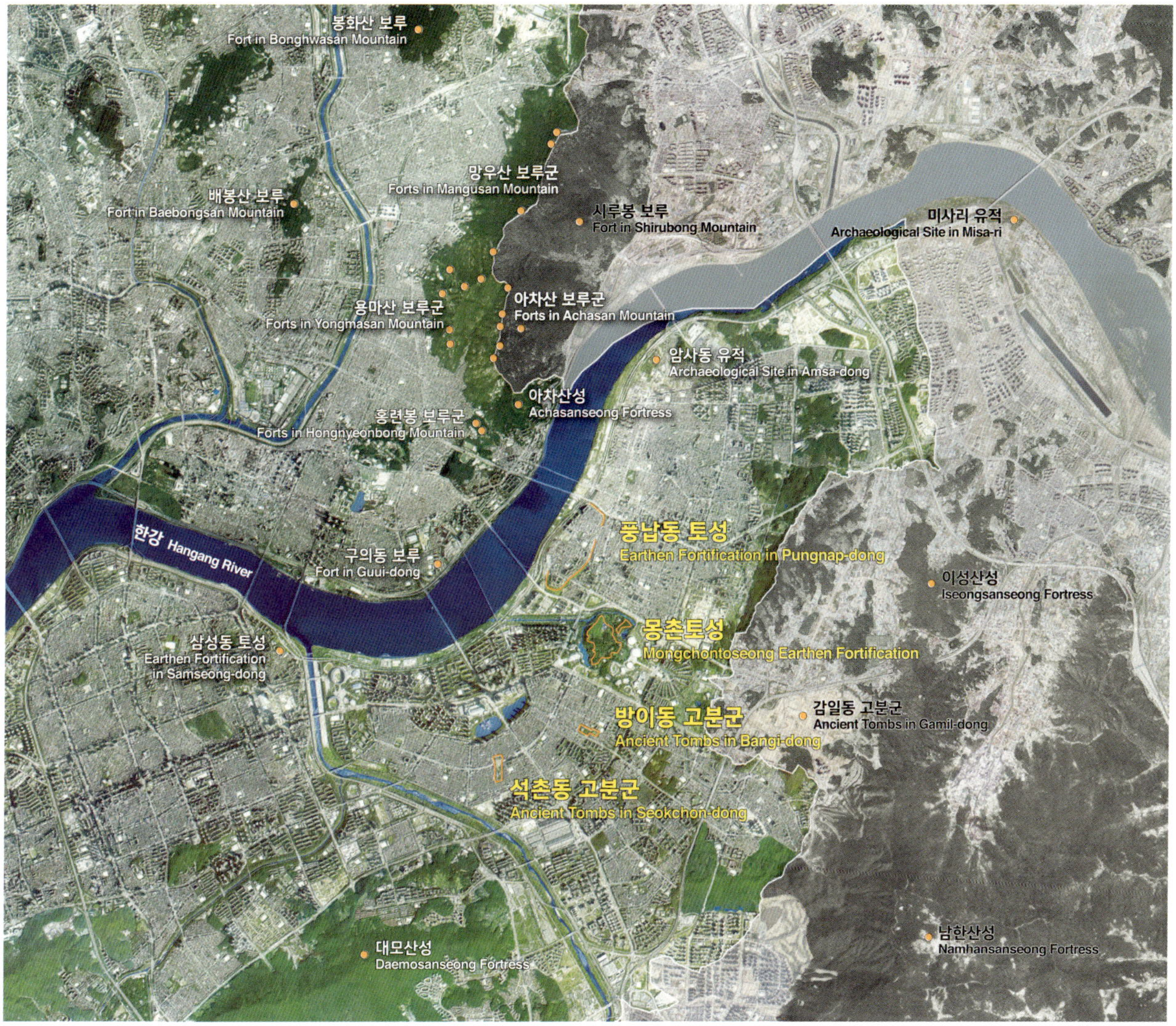

서울 백제역사유적지구

주변 선사 · 고대유적

풍납동 토성
몽촌토성
석촌동 고분군
방이동 고분군
공산성
공주 무령왕릉과 왕릉원
서울
공주
부여
익산
관북리유적과 부소산성
부여 왕릉원
정림사지
나성
왕궁리유적
미륵사지

우리나라의 세계유산

유산명	등재연도
❶ 석굴암과 불국사	1995
❷ 종묘	
❸ 해인사 장경판전	
❹ 창덕궁	1997
❺ 화성	
❻ 경주역사유적지구	2000
❼ 고창, 화순, 강화의 고인돌 유적	
❽ 제주 화산섬과 용암동굴	2007 / 2018
❾ 조선왕릉	2009
❿ 한국의 역사마을: 하회와 양동	2010
⓫ 남한산성	2014
⓬ 백제역사유적지구	**2015**
⓭ 산사, 한국의 산지승원	2018
⓮ 한국의 서원	2019
⓯ 한국의 갯벌	2021

세계유산이란?

UNESCO

United Nations
Educational, Scientific and
Cultural Organization

세계유산 · WORLD HERITAGE · PATRIMOINE MONDIAL

World Heritage
in the Republic
of Korea

어느 특정 국가 또는 민족의 유산을 떠나 모든 인류에게 속하는 보편적 가치를 지닌 중요한 유산을 발굴 및 보호, 보존하기 위해 유네스코가 인정한 유산

대상 : 탁월한 보편적 가치OUV(Outstanding Universal Value)를 지닌 부동산 유산

유형 : 문화유산, 자연유산, 복합유산

세계유산 등재현황

1154	167
유산 Properties	국가 States Parties

897	218	39
문화유산 Cultural	자연유산 Natural	복합유산 Mixed

2022년 기준 https://whc.unesco.org

에필로그

Epilogue

몽촌의 미래

Future of Mongchon

지난 30년간 몽촌토성의 역사적 의의와 가치를 널리 알리기 위해 부단히 노력해왔지만, 올림픽공원에 있는 몽촌토성이 백제 왕성이었음을 아는 사람은 여전히 많지 않다. 앞으로 몽촌역사관이 해야 할 일이 여기에 있다. 몽촌역사관은 백제 왕성을 주요 콘텐츠로 하여 모두가 즐길 수 있는 박물관을 목표로 하고 있다.

2015년 7월, 유네스코는 백제역사유적지구를 세계유산으로 등재했다. 백제역사유적지구는 475년부터 660년까지 185년간 백제왕도였던 공주 · 부여 · 익산 3도시의 유적으로 구성되었으며, 493년간 백제왕도였던 서울의 문화유산은 포함되지 않았다. 세계유산 '백제역사유적지구'가 백제 전기 왕도 서울의 유산까지 확장하여, 진정한 백제역사유적지구로 세계인을 만나게 되기를 기대한다.

서울의 유산인 몽촌토성과 백제 한성의 역사적 중요성을 널리 알리고, 더 쉽고 가깝게 다가갈 수 있는 교육과 디지털 기술을 활용한 전시를 만들어가는 몽촌역사관은 오늘도 다채로운 꿈을 꾸고 있다.

논고

몽촌역사관 건립 경과

최종택 고려대학교 문화유산융합학부 교수

제24회 하계올림픽 및 1986 서울 아시안게임 개최지 확정

1981년 9월 30일 독일 바덴바덴에서 개최된 국제올림픽위원회에서 제24회 하계올림픽 개최지를 서울로 확정하였다. 두 달여 뒤에는 1986 서울 아시안게임의 개최지도 확정되었다. 이어 2개의 올림픽을 개최하기 위한 경기장을 몽촌토성 일대에 건설하기로 함에 따라 오랫동안 역사 속에 잠들어 있던 몽촌토성이 다시금 주목받게 되었다.

몽촌토성, 1982년 사적 지정, 1983년 발굴조사 시작

몽촌토성은 고려시대에는 고원성古垣城으로 불리다가 조선시대 15세기경 이후에는 몽촌夢村으로 불렸는데, 1960년대 인근의 풍납토성이 조사되면서 백제의 첫 도읍인 위례성의 후보지 중 하나로 거론되어왔으며, 1982년에는 사적 297호로 지정되었다. 따라서 학계에서는 이러한 중요한 유적에 경기장을 건설하는 데 강하게 반대하였으며, 그 결과 1983년부터 발굴조사가 실시되었다.

도 1. 몽촌토성발굴조사단
서울대학교박물관 | 1985년

1984년 몽촌토성발굴조사단 구성, 발굴조사 실시

1983년에는 서울대학교박물관에서 토성 보존을 위한 기초작업으로 성의 규모와 해자 등의 외곽 시설을 확인하고, 보호구역을 확정하였다. 1984년에는 고 김원용 교수(당시 서울대학교박물관장)를 단장으로 하는 서울대, 숭실대, 한양대, 단국대 등 4개 대학이 연합한 몽촌토성발굴조사단을 구성하여 발굴조사를 실시하여 성곽의 축조방법 등을 조사하였으며, 이러한 조사 결과를 바탕으로 성벽과 외곽 지역에 대한 복원공사가 시작되었다.

도 2. 유적 현장 설명회
서울대학교박물관 | 1985년

1985년 서울대학교박물관 대규모 발굴조사 실시

1985년에는 서울대학교박물관 단독으로 6개월간에 걸친 대규모 발굴조사를 실시하여 성벽과 문지, 성 내부 시설 및 해자 등에 대한 자세한 내용을 확인하고, 이를 바탕으로 복원과 정비에 대한 방안이 마련되었다. 이 조사에서는 백제시대 주거지와 저장공 등 새로운 유구가 조사되었고, 토기와 철기 등 수천 점의 백제시대 유물과 중국제 청자 등이 출토되었는데, 당시로서는 국내 최대 규모의 발굴조사로 이전의 발굴조사와는 비교할 수 없는 정도의 성과를 냈으며, 몽촌토성은 한성시기 백제의 주요 거성居城으로 기능하였던 것으로 평가되었다.[1]

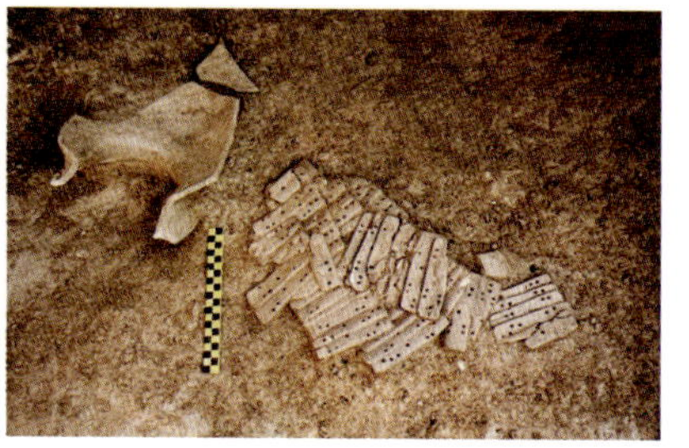

도 3. 뼈갑옷 발굴 현장
서울대학교박물관 | 1985년

1984년~1986년 몽촌토성 보존 및 올림픽공원 조성, 1985년 몽촌토성 내 백제역사관 건립 방침 확정

몽촌토성 일대에 올림픽 경기장 건설에 대한 학계의 우려와 그간의 발굴조사 결과에 따라 몽촌토성을 보존하고, 주변지역과 함께 정비 · 복원하여 올림픽공원으로 조성하기 위한 공사가 1984년부터 시작되어 1986년 4월에 마무리되었다. 이와 더불어 1985년 6월에는 '서울고도 민족문화유적 종합복원계획'을 수립하였으며, 몽촌토성 내에 백제역사관을 건립하는 방침을 확정하였다. 이원홍 당시 문화공보부장관의 발표에 따르면 이 계획은 "수도 서울을 국제적으로 독창적인 민족문화도시로 가꾸어 역사복원을 통한 민족사적 정통성을 고취하고 문화적 자긍심을 높이기 위한 것"으로 석촌동 백제고분, 방이동고분, 몽촌토성, 풍납토성, 암사동 신석기유적 등 5개 유적에 대한 복원 · 정비 · 보수 사업을 실시하는 것을 주요내용으로 하고 있으며, 몽촌토성에는 백제역사관을 건립하는 방안이 포함되어 있다(경향신문 1985년 7월 2일자 기사 참조).

서울 5개古代유적지 復元

'86·88' 대비 國庫·市費 총519億투입

石村古墳群등 사적공원화

岩寺지구엔 先史마을再現

7년계획

10年이상 근속敎授 安息年制 내년실시

國會 소집 절충 계속

美 3者會談불응

도 4. 「서울 5개고대유적지 복원」
『경향신문』 | 1985. 7. 2.

1987년 문화재관리국, 서울시에 백제역사관 건립 세부 지침 통보

이후 1986년 2월에는 문화재관리국으로부터 백제역사관 건립부지를 몽촌토성 내 서북지구로 선정하였다는 통지가 서울시로 전달되었으며, 1987년 3월에는 백제역사관 건립 세부 지침이 통보되었다. 이 지침에는 백제역사관의 건립목적, 규모, 건물 양식 및 구조, 전시내용 및 전시실 구성 등이 포함되어 있는데, "한강유역에 산재해 있는 초기 한성시대의 유적에서 출토된 유물을 중심으로 역사의 현장인 몽촌토성에 역사관을 건립함으로써 초기 한성시대를 중심으로 백제의 전 역사를 조망하는 국민교육의 장으로 활용하는 것"을 건립목적으로 명시하고 있다.

또한 건물의 양식은 한 · 양절충식으로 하되 규모는 500평 내외의 단층으로 하고, 전시실, 관리실, 유물수장고 및 기타 부대시설을 갖추도록 하고 있다. 지침에서는 전시대상을 백제지역 출토유물과 기타 전시물로 구분하였는데, 유물은 한강유역 출토유물을 주로하고 웅진 · 사비기 주요 유물을 연계 전시하며, 선사시대(암사동) 유물도 일부 전시하도록 하였다. 기타 전시물로는 석촌동 3호분, 석촌동 및 가락동 출토 옹관묘 등 유구와 백제시대 주요 건조물 등의 복원모형을 전시하고,

1)
1985년 발굴조사 당시 필자는 서울대학교 고고미술사학과 3학년에 재학 중으로 6월부터 발굴조사에 참여하여 발굴조사가 완료되고 보고서 작성이 마무리된 12월 초까지 현장에 상주하였다. 이후 1988년 8월부터 2000년 8월까지 서울대학교박물관 연구원으로 재직하였으며, 1991년 이후 몽촌역사관 전시를 위한 유물대여와 도록 및 전시패널 원고작성을 담당하는 등 몽촌역사관 건립에 직·간접적으로 참여했던 연유로 이 글을 작성하게 되었다. 이 글에 인용된 주요 일정 및 내용은 서울역사편찬원에서 간행한 『시사자료(市史資料) Ⅶ』 등을 참고한 것으로 편의상 구체적인 내용의 출처를 일일이 표기하지는 않았다.

묘제와 성곽 등의 기타 유구를 시대별로 비교 · 전시하도록 하였다. 또한 백제역사실, 출토유물전시실, 시대별 비교전시실 등으로 전시실을 구성하고, 익산 미륵사와 몽촌토성 등의 주요 건조물을 복원하여 전시실 중앙이나 별도 공간을 두어 전시하도록 하였다. 그 밖에 지침에는 한강유역 출토유물 목록 및 소장처 목록도 첨부되어 있다(문화재관리국 1987년 3월 14일자 공문 참조).

1987~1989년 백제역사관 건립부지 선정과정과 건립공사 시작

몽촌토성 내 백제역사관 건립은 서울올림픽 개막 이전인 1988년 8월 중에 개관을 목표로 바쁘게 추진되었는데, 부지 선정을 두고 학계와 문화재관리국, 서울올림픽조직위원회 및 서울시 사이에 이견이 발생하여 난관에 부딪히게 된다. 당초 백제역사관 건립예정지는 몽촌토성 내부 서북지구로 선정되었으나, 국가사적 내부에 박물관을 건립할 수 없다는 학계의 문제 제기가 있었으며, 1987년 9월 11일에 개최된 '백제역사관 건립설계 자문회의'에서 경관상 몽촌토성 외부의 올림픽공원 피크닉광장에 건립하는 것이 타당하다는 의견이 제시되었다. 이후 한 달여 뒤에 개최된 서울시의 '백제역사관 설계보고회의'에서는 올림픽공원 지구촌공원을 건립부지로 하는 제3의 안이 통과되었고, 같은 해 11월 27일 개최된 중앙문화재위원회 회의에서도 백제역사관 건립부지를 지구촌공원으로 변경하는 안이 심의 · 확정되었다.

그러자 1988년 1월 서울올림픽조직위원회에서는 지구촌공원에 백제역사관을 건립할 경우 인접한 야외조각공원의 경관 확보가 어렵다는 이유로 건립부지를 재검토해달라는 요청을 하였다. 이에 서울시와 문화재관리국은 재검토 불가를 통보하고, 1988년 10월 백제역사관 건립공사에 착공하였으나, 서울올림픽조직위원회의 출입 통제로 공사는 바로 중단되었다. 이어 조직위에서는 백제역사관 건립 후보지로 피크닉광장, 몽촌토성 내부, 88호수 수변식당, 88마당 주변 등을 제시하고 재검토를 요청하였으나 한동안 논의에 진전은 없었던 것으로 보인다.

1989년 5월 올림픽조직위원회가 해체된 후 새로 설립된 국민체육진흥공단에서는 문화공보부에 백제역사관 건립위치 재검토를 요청하였고, 6월에는 중앙문화재위원회에서 현지 조사를 통해 서울시와 공단측이 협의하여 건립 위치를 변경하는 경우 수용하기로 심의하였다. 이에 따라 1989년 7월 5일 서울시에서 시장방침으로 백제역사관의 건립부지를 올림픽공원 피크닉광장으로 확정함에 따라 현재의 부지에 백제역사관을 건립하는 공사가 재개되었다.

1989년 전시시설 제작공사 시작, 1991년 백제역사관에서 몽촌역사관으로 명칭 변경

건물 공사와 더불어 1989년 11월에는 전시시설 제작공사 발주가 시작되면서 백제역사관 개관을 위한 준비가 본격화되기 시작하였다. 백제역사관의 건물 및 전시가 본격화되면서 명칭에 대한 논의가 있었으며, 1991년에는 백제역사관에서 몽촌역사관으로 명칭이 변경되었다. 명칭을 변경하게 된 이유와 과정에 대한 기록이 자세하지 않아 정확한 내용을 알 수 없으나 대표성 문제가 있었던 것으로 보인다. 백제역사관 건립이 확정된 직후 공주와 부여지역의 향토사학자들을 중심으로 백제역사관을 부여나 공주에 건립해야 한다는 여론이 있었다. 즉, 부여와 공주의 국립박물관은 해방 직후에 개관하여 시설이 협소하고 낙후되어 소장 유물의 일부만 전시하고 있으며, 부여와 공주의 백제유적과 유물이 백제문화를 대표하므로 백제역사관을 서울에 건립하는 것이 적절치 못하다는 것이다(『경향신문』1987년 7월 13일자

기사 참조). 당시 국내에는 중앙과 지방의 국립박물관을 제외하면 종합박물관이 거의 없었으므로 백제역사관의 건립에 학계를 비롯해 관심이 집중되었으며, 백제시대 유물을 총체적으로 전시하고 학술연구와 사회교육 기능을 담당할 기관으로서 백제역사관이라는 명칭에 부담이 있었던 것으로 생각된다.

전시 유물 이관 및 전시 준비

몽촌역사관으로의 명칭 변경과 더불어 전시를 위한 유물 이관작업도 시작되었다. 1991년 몽촌역사관 건립과 개관을 주관하던 서울시에서는 서울대학교박물관에 전시를 위한 몽촌토성 출토유물 대여를 요청하였는데, 몇 가지 문제가 제기되었다. 당시 몽촌토성에서 출토된 전시가 가능한 유물의 상당수는 전시를 위해 국립중앙박물관에 이관된 상태로 서울대학교박물관이 대여를 결정할 수 있는 권한이 없었으며, 서울대학교박물관에 보관된 유물도 문화재관리국의 이관 및 대여 승인을 얻어야 하는 절차가 필요하였다. 또한 당시에는 발굴조사가 끝나고 보고서 간행을 위한 유물정리작업이 진행 중인 상황이었으므로 일부 유물에 대해서는 국가 귀속 절차가 마무리되지 않은 유물도 있어서 대여가 곤란한 상황이었다. 무엇보다도 당시에는 국립박물관을 제외하면 중요유물을 전시하고 관리할 수 있는 시설을 갖춘 박물관이 거의 없었으며, 새로 건립되는 몽촌역사관에 유물을 장기간 대여할 수 있는지 여부도 논란거리였다. 또한 개관을 준비 중인 몽촌역사관에는 유물을 전시하고 관리할 수 있는 학예연구사 등 전문가가 없다는 점도 커다란 문제였다.

이러한 복잡한 문제를 해결하기 위해 서울대학교박물관은 문화재관리국, 국립중앙박물관 등과 여러 차례 협의를 거듭하여 국가 귀속 절차가 완료되지 않은 유물에 대해서는 국가 귀속 조치를 조속히 마무리하고, 유물을 대여하기로 결정하였다. 그리하여 1992년 1월 초 국립중앙박물관에 이관된 유물 44점과 서울대학교박물관에 보관 중인 유물 55점에 대한 인수인계가 완료되어 전시 준비가 시작되었다.

몽촌토성 출토유물과 석촌동고분군 출토유물 및 구의동유적 출토유물은 대여를 위한 이관이 완료되었으나, 이와는 별개로 서울지역에서 출토된 선사시대 유물과 부여, 공주 및 청주지역 출토 백제시대 유물은 애초에 대여가 불가한 것으로 결정되어 복제품을 제작하여 전시하기로 하였다. 전시 시설 공사와 전시연출은 전문 업체가 맡기로 하였으나, 전시와 패널 및 도록 제작을 위한 전문가가 없는 상태였으므로 전시패널과 도록의 원고작성은 서울대학교박물관에서 대행하기로 하였으며, 전시실에 게시할 30여 매의 패널 원고와 도록의 원고작성은 필자가 담당하게 되었다.

도록에는 몽촌토성 및 석촌동고분군, 구의동유적에서 출토된 전시품 외에도 면목동 구석기시대유적, 암사동 신석기시대유적, 가락동, 명일동, 역삼동 청동기시대유적 등 서울지역의 선사시대 유적에서 출토된 유물을 포함하였으며, 청주 신봉동유적과 부여 및 공주지역 출토 백제시대 유물을 포함하였고, 일본에 소장된 칠지도와 미륵반가사유상 등도 포함하여 『몽촌역사관유물집』(1991.11.25.)이라는 제목으로 출간되었다.

필자는 몽촌토성 출토유물 등 진품에 대해서만 도록을 작성할 것을 주장하였으나, 복제품을 포함한 전시유물 모두를 포함시켜야 한다는 서울시의 의견에 따라 모두 포함하였다. 당시에는 상태가 좋은 컬러사진을 구하기가 쉽지 않은 상황이어서 진품 사진을 대신해 복제유물도 모두 새로 촬영하여 편집하였는데, 이 점은 두고두고 아쉬움으로 남는다.

도 5.『몽촌역사관유물집』
서울특별시 |1991.11.25.

1992년 1월 29일 몽촌역사관 개관, 백제집자리전시관 개관

이상과 같은 과정을 거쳐 1992년 1월 29일 연건평 1,666㎡(504평) 규모의 몽촌역사관이 개관하였다. 개관 당시 주요 시설은 전시실(226평), 영상관(13평), 수장고(30평) 등으로 구성되었으며, 몽촌토성, 석촌동고분군, 구의동유적 출토품 95점 및 복제유물 등 230여 점의 유물을 전시하였다. 몽촌역사관은 개관이 당초 목표인 1988년 8월에서 3년 6개월가량이 늦어졌으며, 규모도 축소되고, 명칭과 성격도 축소되었지만, 발굴조사된 유적을 기반으로 설립된 가장 초기의 전시관이라는 점에서는 의미가 적지 않다. 특히 몽촌역사관과 함께 개관한 동문지 남쪽에 위치한 백제집자리전시관은 발굴된 유구를 그대로 노출하여 전시한 최초의 시설로 필자는 기억한다.

2004년 서울역사박물관으로 이관 후 전시 개편, 2012년 한성백제박물관으로 이관

도 6. 몽촌역사관 개관
1992.1.29.

우여곡절 끝에 개관한 이후에도 몽촌역사관은 학예연구사 등 전문인력을 갖추지 못하고 서울시에서 관리해오다가 2004년에야 서울역사박물관으로 관리주체를 이관하면서 전시를 개편하고 교육프로그램을 개선하여 시민들의 사랑을 받고 있다. 특히, 2012년 한성백제박물관이 개관하면서 몽촌역사관과 백제집자리전시관 모두 전문적인 박물관의 기능을 갖추게 되었으며, 올해로 개관 30주년을 맞이하게 되었다. 개관 후 세번의 강산이 변하는 동안 시설은 많이 낡았으나 기능면에서는 제 역할을 다하고 있는 바, 향후 리모델링 등을 통해 초창기 역사전시관으로서의 역사성은 간직하되 현대적인 박물관시설로 거듭나기를 기대해본다.

부록

1. 몽촌역사관 역대 관람객 현황(1992~2022)

몽촌역사관 관람객 변화

관람객	1992~2002	2003	2004	2005	2006	2007	2008	2009	2010	2011
연인원	…	266,953	242,944	203,487	195,011	282,060	253,012	268,101	281,267	338,918
누적인원	…	266,953	509,897	713,384	908,395	1,190,455	1,443,467	1,711,568	1,992,835	2,331,753

관람객	2012	2013	2014	2015	2016	2017	2018	2019	2020	2021	2022
연인원	191,933	205,775	200,528	190,702	194,183	211,547	217,076	258,316	43,484	35,887	87,149
누적인원	2,523,686	2,729,461	2,929,989	3,120,691	3,314,874	3,526,421	3,743,497	4,001,813	4,045,297	4,081,184	4,168,333

※ 1992~2002년은 관람객 현황이 수기로 작성되었으나 자료가 현존하지 않는다.
2012년 한성백제박물관 개관으로 몽촌역사관은 그 산하로 이관되었다.
2020~2021년은 COVID-19와 전시실 보수 공사에 따른 휴관으로 관람객이 감소하였다.

한성백제박물관 개관 후 본관 및 몽촌역사관 관람객 변화(2012~2022)

구분	관람객	2012	2013	2014	2015	2016	2017	2018	2019	2020	2021	2022
합계	누적인원	634,631	1,416,432	2,234,753	3,033,320	3,791,188	4,538,971	5,238,079	6,026,099	6,151,916	6,289,086	6,782,824
몽촌 역사관	연인원	191,933	205,775	200,528	190,702	194,183	211,547	217,076	258,316	43,484	35,887	87,149
	누적인원	191,933	397,708	598,236	788,938	983,121	1,194,668	1,411,744	1,670,060	1,713,544	1,749,431	1,836,580
한성백제박물관 본관	연인원	442,698	576,026	617,793	607,865	563,685	536,236	482,032	529,704	82,333	101,283	406,589
	누적인원	442,698	1,018,724	1,636,463	2,244,328	2,808,013	3,344,249	3,826,281	4,355,985	4,438,318	4,539,601	4,946,190

※ 한성백제박물관 개관으로 이관된 몽촌역사관의 누적 관람객수는 2012년부터 새로 집계하였다.

2. 몽촌역사관 역대 교육프로그램 운영 현황(2007~2022)

교육프로그램 운영 변화(2007~2022)

신규 교육프로그램	2007	2008	2009	2010	2011	2012	2013	2014	2015	2016	2017	2018	2019	2020	2021	2022
연건수	2	2	1	-	1	7	9	7	2	6	7	5	4	-	6	1
누적건수	2	4	5	5	6	13	22	29	31	37	44	49	53	53	59	60

교육프로그램 세부 운영 현황(2007~2022)

★ 현재 진행중인 교육 프로그램

시작연도	교육대상	프로그램명	운영기간	내용	교육장소
2007	초등 4~6학년 (학급)	〈몽촌어린이역사교실〉 촌이의 집을 소개합니다- 몽촌토성과 풍납동 토성	2007.04.~ 2009.06.	몽촌토성, 풍납동 토성 유적과 출토유물을 통해 백제 한성도읍기 성곽의 특징과 당시 사람들의 생활상을 이해하고, 고대 서울의 역사·문화를 다양하게 체험	실내 + 유적현장
	초등 1~6학년 (동반가족)	〈꿈마을체험교실〉 함께 만드는 백제 몽촌토성	2007.07.~ 2009.08.	몽촌토성 만들기 활동을 통해 백제 한성도읍기 성곽 시설과 특징 이해	실내
2008	초등 3~6학년 (학급)	〈몽촌어린이역사교실〉 고대 생활사전 만들기	2008.09.~ 2009.11.	유물 시트를 만들어 한 권의 책으로 엮어서 고대 서울의 움집, 토기, 무덤 유적을 통해 당시 사람들의 생활상 이해	실내
	초등 1~6학년 (동반가족)	〈몽촌가족체험교실〉 가족과 함께하는 몽촌토성 대탐험	2008.09.~ 2012.10.	전시실 한강 모형을 관람하며 몽촌토성의 구조와 주변 지형을 살펴보고, 몽촌토성을 답사한 뒤 퀴즈대회 시행	실내 + 유적현장
2009	초등 1~6학년 (동반가족)	〈꿈마을체험교실〉 지도로 찾아가는 옛 서울	2009.01.~ 2013.01.	신석기시대 암사동 유적, 백제 한성도읍기 풍납동 토성, 몽촌토성, 석촌동 고분군에 대한 이해를 바탕으로 고대 한강유역의 유적 지도 제작	실내
2011	문화소외계층	〈꿈마을방과후교실〉 땡땡땡! 꿈마을놀이터	2011.05.~ 2014.07.	몽촌토성 유적을 중심으로 백제 한성도읍기 문화의 특징을 학습하고, 조별 답사를 통해 문화소외계층 어린이들에게 박물관 현장 체험 기회 제공	실내 + 유적현장
2012	유아단체 및 초등 1~2학년 동반가족	〈꿈나무이야기교실〉 우리 역사 속 이야기 보따리	2012.02.	동화 구연 및 역할극 등의 체험 활동을 통해 고대 역사·문화를 쉽고 재미있게 학습	실내
	초등 1~4학년 (학급)	〈몽촌어린이역사교실〉 으쌰으쌰, 몽촌토성 한바퀴	2012.04.~06.	전시 관람과 몽촌토성 답사를 통해 관련 유적·유물을 살펴보고, 활동지 작성 후 몽촌토성 모형 제작	실내 + 유적현장
	유아단체	★〈꿈나무오감체험교실〉 숲 속 친구, 참이와 토리	2012.05.~현재	고대 사람들의 먹거리를 알아보고, 몽촌역사관 인근 참나무군락지에서 도토리를 채집·관찰하면서 숲속 생태 학습	실내+실외 (생태학습장)
	초등 1~4학년 (동반가족)	〈꿈마을체험교실〉 몽촌토성 만들기 대작전	2012.07.~08.	백제 한성도읍기 역사·문화를 주제로 관련 유적·유물 관람 후 몽촌토성 모형 제작	실내 + 유적현장
	유아단체 및 초등 1~2학년 동반가족	〈꿈나무이야기교실〉 우리 문화 속 이야기 보따리	2012.08.	동화 구연 및 역할극 등의 체험 활동을 통해 고대의 역사와 문화를 쉽고 재미있게 학습	실내
	유아단체	〈꿈나무오감체험교실〉 도란도란, 참나무 6총사	2012.10.	선사시대 고대인의 주요 먹거리였던 도토리를 소재로 참나무의 6가지 종류를 알아보고, 몽촌역사관 인근 생태학습장에서 직접 참나무 관찰	실내+실외 (생태학습장)
	초·중·고등 (학급)	★〈몽촌토성투어프로그램〉 한눈에 쏙~ 몽촌토성 첫걸음	2012.11.~현재	숙련된 자원봉사자의 해설과 함께 발굴조사 현장을 비롯하여 몽촌토성의 구석구석을 답사	유적현장
2013	초등 1~4학년 (동반가족)	〈몽촌가족체험교실〉 안녕! 몽촌토성	2013.04.~ 2016.04.	몽촌토성을 답사하며 토성의 구조와 시설물, 주변 지형을 알아보고 답사노트 작성 후 가족사진액자 제작	실내 + 유적현장
	초등 1~4학년 (학급)	★〈꿈마을고고학연구소〉 발굴탐험대, 땅속 타임캡슐을 찾아라!	2013.04.~ 현재	백제 한성도읍기 사람들의 생활상과 고고학 발굴조사의 개념을 학습한 후, 야외 발굴체험장에서 직접 발굴한 유물을 관찰·조사·탐구하고, 유물 복원 활동 체험	실내+실외 (발굴체험장)

시작연도	교육대상	프로그램명	운영기간	내용	교육장소
2013	초등 3~4학년 (동반가족)	〈꿈마을디자인연구소〉 유리구슬 속 고대이야기	2013.07.~ 2016.07.	전시실에서 고대 구슬 유물 관람 후 구슬 팔찌와 매듭 팔찌 제작	실내
	초등 1~6학년 (동반가족)	〈꿈마을공작교실〉 뚝딱! 종이로 만들어보는 백제마을 친구들~	2013.07.	백제사람들의 생활문화에 대해 알아보고 백제 복식을 착용한 종이 인형과 몽촌토성 모형 제작	실내
	초등 1~4학년 (동반가족)	〈백제생활체험교실〉 열려라! 백제마을~	2013.08.~ 2017.08.	백제 한성도읍기 사람들의 식생활, 놀이문화, 일상생활을 체험하고 입체 교구재로 백제 집 제작	실내
	초등 1~4학년 (학급)	〈꿈마을놀이체험교실〉 신나는 전통놀이!	2013.09.	백제 놀이문화에 대해 학습하고 쌍륙, 산가지, 활쏘기, 제기차기 등 놀이 체험	실내
	초등 1~4학년 (동반가족)	〈꿈마을캠프〉 1박2일! 꿈마을캠프	2013.09.~ 2015.04.	온 가족이 참여하여 가족 미션 및 체험 활동, 전시실 관람 및 몽촌토성 답사 등을 다양하게 체험하는 1박2일 박물관 캠프	실내 + 유적현장
	초등 3~4학년 (학급)	〈꿈마을고고학연구소〉 문화재 CSI, 백제유물을 찾아 복원하라!	2013.09.~ 2020.11.	백제 한성도읍기 사람들의 생활상과 고고학 발굴조사의 개념을 학습한 후 야외 발굴체험장에서 직접 발굴한 유물을 관찰·조사·탐구하고 유물 복원 활동을 체험	실내+실외 (발굴체험장)
	초등 1~4학년 (동반가족)	〈몽촌가족체험교실〉 다 같이 돌자! 몽촌토성 한바퀴~	2013.10.~ 2016.10.	몽촌토성을 답사하며 토성의 구조와 시설물, 주변 지형을 알아보고 답사노트 작성 후 가족사진액자 제작	실내 + 유적현장
2014	초등 1~4학년 (동반가족)	〈꿈마을체험교실〉 슝슝~ 시간여행, 몽촌토성	2014.01.~ 2018.01.	몽촌토성과 풍납동 토성을 통해 서울의 역사를 학습한 후 몽촌토성 지도판 위에 시설물과 옛사람 모형을 붙여보며 몽촌토성의 모습 완성	실내
	유아 및 초등 1~6학년 (동반가족)	〈꿈마을공작교실〉 잘가~ 한해야! 반가워~ 새해야!	2014.01.~ 2016.01.	겨울방학을 맞은 학생들에게 즐거운 박물관 체험 활동의 기회 제공 및 우리 조상의 생활 풍속에 대한 이해 도모	실내
	초등 3~4학년 (동반가족)	〈꿈마을이야기교실〉 새해맞이, 열두 띠 이야기	2014.01.~ 2015.01.	열두 띠를 통해 조상들의 풍속을 알아보고, 열두 띠 동물을 활용하여 자신만의 개성 있는 필통, 세화 족자, 달력 등 제작	실내
	초등 3~4학년 (동반가족)	〈꿈마을디자인연구소〉 구슬 속에 담긴 백제인의 솜씨	2014.02.~ 2017.02.	즐거운 박물관 체험 활동의 기회 제공 및 곡옥 목걸이 제작	실내
	초등 1~4학년 (학급 및 동반가족)	★〈꿈마을놀이체험교실〉 누가누가 잘하나, 우리놀이	2014.05.~ 현재	전통 예절과 백제의 놀이문화에 대해 학습하고 백제 귀족의 놀이인 '쌍륙' 체험	실내+ 온라인
	유아 및 초등 1~6학년 (동반가족)	〈꿈마을공작교실〉 뚝딱! 종이로 만드는 백제관모	2014.07.	여름방학을 맞아 즐거운 박물관 체험 활동의 기회 제공 및 백제 관모 제작으로 백제 생활문화와 의복 이해	실내
	초등 1~4학년 (학급)	〈꿈마을놀이체험교실〉 말과 주사위로 배우는 전통놀이와 문화	2014.09.~ 2020.10.	백제 놀이문화에 대해 학습하고, 쌍륙, 산가지, 활쏘기, 제기차기 등의 놀이 체험	실내

시작연도	교육대상	프로그램명	운영기간	내용	교육장소
2015	유아 및 초등 1~6학년 (동반가족)	〈꿈마을공작교실〉 돌 속의 비밀, 곡옥을 찾아라!	2015.07.	즐거운 박물관 체험 활동의 기회 제공 및 곡옥 목걸이 제작	실내
	문화소외계층	★〈꿈마을열린교실〉 땡땡땡! 꿈마을놀이터	2015.09.~현재	몽촌토성 유적을 중심으로 백제 한성도읍기 문화의 특징을 학습하고, 조별 답사를 통해 문화소외계층 어린이들에게 박물관 현장 체험의 기회 제공	실내 + 유적현장
2016	초등 3~4학년 (동반가족)	〈꿈마을이야기교실〉 소망이 부푸는 새해그림	2016.01.	열두 띠를 통해 조상들의 풍속을 알아보고, 열두 띠 동물을 활용하여 자신만의 개성 있는 필통, 세화 족자, 달력 등 제작	실내
	초등 3~4학년 (동반가족)	〈꿈마을동행교실〉 조각조각 맞춰가는 옛성 여행기 -몽촌토성에서 수원화성까지	2016.02.	백제 한성도읍기 왕도유적 몽촌토성과 풍납동 토성부터 조선 후기 수원화성에 이르기까지, 성곽의 발전과 축성 기술과 관련된 과학적 원리 학습	실내 (몽촌역사관, 롯데월드 민속박물관)
	초등 1~4학년 (동반가족)	〈꿈마을가족체험교실〉 으샤으샤, 신나는 발굴체험을 떠나요!	2016.04.~ 2019.10.	어린이 동반가족을 대상으로 야외 발굴체험장에서 유물을 직접 발굴하고 관찰·수집·조사	실내+실외 (발굴체험장)
	유아 및 초등 1~6학년 (동반가족)	〈꿈마을솜씨교실〉 뚝딱! 종이로 만들어보는 백제 관모	2016.05.~08.	여름방학을 맞아 즐거운 박물관 체험 활동의 기회 제공 및 백제 관모 제작으로 백제 생활문화와 의복 학습	실내
	유아 및 초등 1~4학년 (동반가족)	〈꿈마을공예교실〉 돌 속의 비밀, '곡옥'을 찾아라!	2016.08.~ 2021.08.	선사·고대 장신구와 고대인들의 사상, 미의식에 대해 알아본 후 곡옥 제작	실내+온라인
	초등 1~4학년 (동반가족)	〈꿈마을가족체험교실〉 땅 속에서 찾고 유물에게 묻다	2016.09.~ 2018.09.	어린이 동반가족을 대상으로 고고학 발굴조사 및 실측, 복원 등의 개념을 알아보고, 발굴 체험 및 전시실 활동, 답사 활동 시행	실내+실외 (발굴체험장)
2017	초등 3~4학년 (동반가족)	〈꿈마을이야기교실〉 신기한 열두 달, 열두 동물	2017.01.	열두 띠를 통해 조상들의 풍속을 알아보고, 열두 띠 동물을 활용하여 자신만의 개성 있는 필통, 세화 족자, 달력 등 제작	실내
	유아단체	〈꿈나무역사체험교실〉 우리고장 역사알기	2017.04.~ 2018.10.	동그라미, 세모, 네모 등의 기본 도형 개념을 통해 백제 한성도읍기 유물에 대해 알아보고, 놀이 활동으로 서울의 역사를 더욱 쉽게 학습	실내
	초등 1~4학년 (동반가족)	〈몽촌가족체험교실〉 찾아라! 세계유산 백제	2017.04.~ 2019.11.	전시실과 몽촌토성에서 다양한 미션 활동을 하며 백제 한성도읍기부터 웅진·사비도읍기 등 백제 문화 전반에 대해 학습	실내 + 유적현장
	초등 1~4학년 (동반가족)	〈꿈마을솜씨교실〉 주사위를 굴려라!	2017.05.	전통 예절과 백제의 놀이문화에 대해 학습하고, 백제 귀족의 놀이인 '쌍륙' 체험	실내
	유아단체	★〈꿈나무역사체험교실〉 냠냠, 맛있는 백제밥상	2017.05.~ 현재	백제 사람들이 먹었던 아욱, 도토리, 밤 등을 관찰하고, 시장 놀이와 백제 귀족 밥상 차리기 활동을 통해 유아의 오감을 자극하는 체험	실내+ 온라인
	유아단체	★〈꿈나무호기심탐험대〉 박물관에서 만나는 모양 친구들	2017.05.~현재	동그라미, 세모, 네모 등 기본 도형 개념을 통해 백제 한성도읍기 유물에 대해 알아보고, 놀이 활동으로 서울의 역사에 대해 더욱 쉽게 학습	실내 + 온라인
	초등 1~4학년 (동반가족)	★〈꿈마을울림교실〉 둥둥! 우리 음악 속으로	2017.07.~현재	백제 음악 중심의 고대 음악에 대해 알아보고, 타악기 연주 후 조명등, 북, 배소 등 제작	실내

시작연도	교육대상	프로그램명	운영기간	내용	교육장소
2018	초등 3~4학년 (동반가족)	〈꿈마을솜씨교실〉 백제의 솜씨와 맵시	2018.02.~ 2020.02.	백제의 의복에 대해 알아본 후 백제 문양 앞치마 제작	실내
	초등 1~4학년 (동반가족)	〈백제생활체험교실〉 처음 만난 백제	2018.05.	전통 예절과 백제의 놀이문화를 학습하고, 백제 귀족의 놀이인 '쌍륙' 체험	실내
	초등 1~4학년 (동반가족)	★〈백제역사탐구교실〉 삼국사기, 삼국유사로 배우는 백제, 그날	2018.07.~현재	『삼국사기』와 『삼국유사』 속 왕과 역사적 사건을 학습한 후 백제 시설물과 인물을 구현한 나무 조각으로 몽촌토성 안에서 일어난 이야기 재구성	실내+ 온라인
	초등 3~4학년 (동반가족)	〈꿈마을디자인연구소〉 백제의 미를 새기다	2018.08.~ 2019.08.	백제사람들이 사용한 문양의 종류 및 특징, 금속 유물에 대해 알아보고, 백제 한성도읍기의 문양을 선택하여 금속판에 새겨보는 체험	실내
	초등 1~4학년 (동반가족)	〈꿈마을울림교실〉 얼쑤! 백제의 소리를 찾아서	2018.09.	백제 음악 중심의 고대 음악에 대해 알아보고, 타악기 연주 후 조명등, 북, 배소 등 제작	실내
2019	초등 1~4학년 (동반가족)	〈꿈마을이야기교실〉 백제에서 찾는 신비한 동물사전	2019.01.~ 2020.01.	고대 사람들의 생활 속 동물과 그 의미를 알아보고, 기억에 남는 고대 동물을 활용한 장신구 제작	실내
	유아 및 초등 1~4학년 (동반가족)	〈백제생활체험교실〉 처음 만난 백제	2019.05.	고대 사람들의 생활 속 동물과 그 의미를 알아보고, 기억에 남는 고대 동물을 활용한 장신구 제작	실내
	초등 1~4학년 (어린이)	★〈고대과학탐구교실〉 보존과학자의 실험실: 우리 문화재를 지켜라!	2019.07.~현재	문화재의 재질별 특징과 훼손 원인을 알아보고, 보존과학자가 되어 실험·복원 활동 체험	실내+ 온라인
	초등 2~4학년 (동반가족) 4~5학년 (어린이)	★〈꿈마을체험교실〉 슝슝~ 시간여행, 백제왕성 풍납동 토성	2019.09.~현재	지도판 위에 시설물과 옛사람 모형을 붙여보며 풍납동 토성의 모습 완성	실내+ 온라인
2021	유아 및 초등 1~4학년 (동반가족)	〈꿈마을창의체험교실〉 알록달록 복주머니 꾸미기	2021.01.~10.	누리집 교육 영상을 감상하며 몽촌토성의 역사를 학습한 후 몽촌토성 복주머니 제작	온라인
	초등 1~4학년 (동반가족)	★〈꿈마을울림교실〉 후후! 우리 음악 속으로	2021.04.~현재	고대 유적·유물 속 악기와 음악에 대해 알아본 후 백제금동대향로 속 악기인 배소를 가족이 함께 제작	온라인
	초등 2~4학년 (동반가족)	〈몽촌토성투어프로그램〉 출동! 몽촌토성 꾸러기 수비대	2021.05.~ 2022.03.	증강현실(AR) 스마트앱 「출동! 몽촌토성 꾸러기 수비대」를 활용하여 백제 한성도읍기 몽촌토성의 모습과 시설물의 위치 학습	유적현장 (AR 스마트앱)
	유아 및 초등 1~2학년 (동반가족)	〈꿈마을창의체험교실〉 조각조각 맞춰가는 옛 성 여행기 - 몽촌토성	2021.07.~08.	누리집의 '찾아라! 세발토기, 열려라! 백제왕도' 영상을 감상한 후 활동지에 답을 작성하고 몽촌토성 퍼즐을 맞춰가는 체험	온라인
	초등 3~5학년 (동반가족)	★〈서울역사탐구교실〉 지도로 찾아가는 옛 서울	2021.09.~현재	신석기시대 암사동 유적, 백제 한성도읍기 풍납동 토성, 몽촌토성, 석촌동 고분군에 대한 이해를 바탕으로 고대 한강유역의 유적 지도 제작	실내+ 온라인
	초등 1~2학년 (동반가족)	★〈백제생활체험교실〉 휘리릭! 변신하는 도구 친구들	2021.10.~현재	과거와 현재 사용하는 물건의 공통점과 차이점을 알아보고, 변화 과정과 유물을 탐색하며 시대에 따른 생활의 변화상 학습	실내+ 온라인
2022	초등 2~5학년 (학급 및 동반가족)	★〈몽촌토성투어프로그램〉 개로왕의 밀지: 첩자의 흔적	2022.05.~현재	증강현실(AR) 스마트앱 「모두의 몽촌토성」을 활용하여 백제 한성도읍기 왕들을 도와 미션을 해결하는 유적 현장 활동을 통해 백제 역사와 인물, 유물, 시설물 등 학습	실내+유적현장 (AR 스마트앱)

3. 몽촌역사관 역대 문화행사 운영 현황(2007~2020)

문화행사 운영 변화(2007~2020)

문화행사	2007	2008	2009	2010	2011	2012	2013	2014	2015	2016	2017	2018	2019	2020
연건수	12	16	25	23	26	13	29	13	13	13	13	13	13	12
누적건수	12	28	53	76	102	115	144	157	170	183	196	209	222	234

문화행사 세부 운영 현황(2007~2020)

연도	꿈마을 문화마당	어린이날행사 모여라! 꿈마을	꿈마을 영화마당 → 꿈이 쑥쑥~ 꿈나무 영화마당 *2013년 제목변경		열린예술극장
2007	-	-	1월	· 다시보고 싶은 고전영화	-
			2월	· 인생의 성공 그리고 새로운 시작	
			3월	· 봄과 함께 찾아오는 친구들	
			4월	· 신비로운 자연으로 떠나는 여행	
			5월	· 가족, 늘 곁에 있는 사랑	
			6월	· 다시 생각해 보는 이야기· 전쟁	
			7월	· 여행을 떠나요!	
			8월	· 우주! 놀라운 세계	
			9월	· 꿈과 모험, 동화나라 이야기	
			10월	· 우리들의 친구, 동물	
			11월	· 꿈마을 환싱여헹	
			12월	· 사랑으로 따뜻해지는 12월	
2008	· 야외영화 상영 '맨발의 기봉이' · 야외영화 상영 '시네마천국' · 국악뮤지컬 '명랑토끼 만만세' · 그림자극 '동물의사육제&해님달님'	-	1월	· 행복한 상상, 애니메이션의 세계!	-
			2월	· 선생님, 우리 선생님!	
			3월	· 성장, 눈물과 웃음의 드라마!	
			4월	· 내일의 세상을 상상해요!	
			5월	· 늘 곁에 있는 사람, 가족!	
			6월	· 흥미진진한 역사 이야기!	
			7월	· 여름, 모험의 계절	
			8월	· 열정과 도전의 올림픽	
			9월	· 세상을 바라보는 또 하나의 창	
			10월	· 맛있는 이야기	
			11월	· 환상과 꿈을 찾아서	
			12월	· 따뜻한 사랑 이야기	

<table>
<tr><th>연도</th><th>꿈마을 문화마당</th><th>어린이날행사 모여라! 꿈마을</th><th colspan="2">꿈마을 영화마당 → 꿈이 쑥쑥~ 꿈나무 영화마당
*2013년 제목변경</th><th>열린예술극장</th></tr>
<tr><td rowspan="12">2009</td><td rowspan="12">· 인형극 '효성스러운 호랑이'
· 영화 상영 '워낭소리'
· 타악 퍼포먼스 '재미타'
· 아카펠라 '레드소울'
· 버블 퍼포먼스 '버블드래곤'
· 스윙재즈 퍼포먼스 '미스터브라스'
· 그림자극 '아기돼지 삼형제'
· 판소리 콘서트 '타루'</td><td rowspan="12">· 신기한 마술쇼! 마술사 Mr.K
· 만화영화 '키리쿠, 키리쿠'
· 푸르른 녹음과 함께하는 바람개비 만들기
· 키다리 삐에로와 함께하는 요술풍선 만들기
· 페이스페인팅</td><td>1월</td><td>· 다시보고 싶은 고전영화</td><td rowspan="12">-</td></tr>
<tr><td>2월</td><td>· 인생의 성공 그리고 새로운 시작</td></tr>
<tr><td>3월</td><td>· 다함께 춤을</td></tr>
<tr><td>4월</td><td>· SF, 상상의 세계</td></tr>
<tr><td>5월</td><td>· 가족과 함께하는 영화</td></tr>
<tr><td>6월</td><td>· 다시 기억하는 그날의 이야기</td></tr>
<tr><td>7월</td><td>· 뮤지컬의 열기 속으로</td></tr>
<tr><td>8월</td><td>· 바다와 함께 시원해지는 8월</td></tr>
<tr><td>9월</td><td>· 책이 원작인 영화</td></tr>
<tr><td>10월</td><td>· 음악과 함께하는 10월의 밤</td></tr>
<tr><td>11월</td><td>· 동심의 세계로의 여행 애니메이션</td></tr>
<tr><td>12월</td><td>· 사랑으로 따뜻해지는 12월</td></tr>
<tr><td rowspan="12">2010</td><td rowspan="12">· 전래동화 인형극 '장금이의 금강산호랑이'
· 과학교육 체험극 '사인언스 볼'
· 살아 움직이는 예술 '샌드 애니메이션'
· 빛과 손으로 만드는 뉴 퍼포먼스 '그림자 매직'
· 마술 체험 '뚱딴지 매직쇼'
· 아이스 난타 '휘모리'
· 보고, 만지는 동화구연 '전래동화 삼년고개'</td><td rowspan="12">· 환상의 Bubble Show
· 내가 만든 솜사탕
· 삐에로가 선사하는 매직풍선</td><td>1월</td><td>· 옛 향수의 기억, 추억속으로</td><td rowspan="12">-</td></tr>
<tr><td>2월</td><td>· 두근두근 첫사랑</td></tr>
<tr><td>3월</td><td>· 우정의 힘</td></tr>
<tr><td>4월</td><td>· 우리들의 사랑스런 친구, 동물</td></tr>
<tr><td>5월</td><td>· 어머니, 사랑합니다</td></tr>
<tr><td>6월</td><td>· 경쟁과 승부의 세계</td></tr>
<tr><td>7월</td><td>· 신난다~!! 여행가자!
· 여름방학특선 쿨썸머영화제</td></tr>
<tr><td>8월</td><td>· 나도 영웅이고 싶다</td></tr>
<tr><td>9월</td><td>· 흥미로운 모험의 세계로</td></tr>
<tr><td>10월</td><td>· 아름다운 공존, 다문화</td></tr>
<tr><td>11월</td><td>· 당당한 그녀들의 이야기</td></tr>
<tr><td>12월</td><td>· 즐거운 인생</td></tr>
</table>

연도	꿈마을 문화마당	어린이날행사 모여라! 꿈마을	꿈마을 영화마당 → 꿈이 쑥쑥~ 꿈나무 영화마당 *2013년 제목변경		열린예술극장
2011	· 백제 역사여행 '백제 예술탐험' · 유럽전통 마리오네뜨 공연 '목각인형 콘서트' · Smile Show '마블러스 모션&마린보이' · 그림동화 뮤지컬 '깨비숲 소리통' · 어린이들을 위한 버블 Party '버블 드래곤' · 마칭 타악퍼포먼스 '잼스틱' · 전통연희 마당극 '너름산이' · 신라 역사여행 '신라 예술탐험'	· 즐거운 마술 콘서트 '매직어클락' · 몽촌역사관 캐릭터 페이스 페인팅 · 어린이날 특선 영화 '몬스터주식회사' · 가족과 함께하는 풍선아트체험 · 거리 퍼포먼스 '키다리 삐에로와 요술 풍선'	1월	· 추억속의 영화	-
			2월	· 문학작품을 영화로	
			3월	· 인연만들기	
			4월	· 세상을 지배하는 자	
			5월	· 맛있는 초대	
			6월	· 전쟁의 아픈 기억	
			7월	· 슈퍼히어로! · 여름방학특선 쿨썸머영화제	
			8월	· 판타지속으로 빠지다	
			9월	· 귀가 즐거워지는 영화	
			10월	· 꿈은 이루어진다	
			11월	· 모험의 세계로	
			12월	· 가슴 따뜻한 사랑	
2012	-	-	1월	· 용과 함께 시작하는 2012년	-
			2월	· 수리수리 마수리 이루어져라	
			3월	· 내가 꿈꾸는 세계	
			4월	· 안녕~ 내 친구야!	
			5월	· 놀러가요~ 동물의 숲으로	
			6월	· 아마도 LOVE!	
			7월	· 와!~바다다! · 여름방학특선 쿨썸머영화제	
			8월	· 방학아~ 가지마!	
			9월	· 도와줘요~ 영웅 뽀빠이!	
			10월	· 머리부터 발끝까지 즐거워~	
			11월	· 환상속의 또 다른 세상	
			12월	· 산타클로즈와 화이트 크리스마스	

연도	꿈마을 문화마당	어린이날행사 모여라! 꿈마을	꿈마을 영화마당 → 꿈이 쑥쑥~ 꿈나무 영화마당 *2013년 제목변경		열린예술극장
2013	-	-	1월	· 2013년 낭만을 꿈꾸다	· 서초앙상블 · 민속무용 · 서울 하모니카 앙상블 · 비버의 숙제(인디밴드) · 대니매직(마술) · 벨 아르떼 오케스트라 (오케스트라) · 매직유(마술) · 극단다리(인형극) · 해피드림밴드(통기타밴드) · 풍물패 소리마당(영남농학) · 퍼포먼스 그룹 오(뮤지컬) · 도봉풍물패(추석맞이 농악) · 유병은(포크음악) · 문화놀이터 액션가면(연극) · 마임&미술 마블러스모션 · 양재만들린 기타합주단
			2월	· 마이 리틀 히어로	
			3월	· 희망찬 미래를 향해	
			4월	· 좌충우돌 귀여운 동물친구들	
			5월	· 씩씩하게! 힘차게!	
			6월	· 호기심 가득 신나는 여행	
			7월	· 초록빛 바다, 푸른 하늘 · 여름방학특선 쿨썸머영화제	
			8월	· 나를 따르라	
			9월	· 소중한 내친구	
			10월	· 오감만족 이야기	
			11월	· 신비로운 상상의 세계	
			12월	· 두근두근~ 내 마음 속 크리스마스	
2014	-	-	1월	· 환상과 꿈을 찾아서	-
			2월	· 사랑하는 가족	
			3월	· 신나는 음악 여행	
			4월	· 스릴만점 모험의 세계	
			5월	· 기쁨 듬뿍 웃음 가득	
			6월	· 멋진 영웅이 되어	
			7월	· 상상의 나라로 · 여름방학특선 쿨썸머영화제	
			8월	· 째깍째깍 시간여행	
			9월	· 재미와 감동의 축제	
			10월	· 엉뚱발랄 예측불허	
			11월	· 특별한 친구들	
			12월	· 좌충우돌 겨울나기	

<table>
<tr><th>연도</th><th>꿈마을 문화마당</th><th>어린이날행사 모여라! 꿈마을</th><th colspan="2">꿈마을 영화마당 → 꿈이 쑥쑥~ 꿈나무 영화마당
*2013년 제목변경</th><th>열린예술극장</th></tr>
<tr><td rowspan="12">2015</td><td rowspan="12">-</td><td rowspan="12">-</td><td>1월</td><td>· 출발! 용기와 희망의 세계로</td><td rowspan="12">-</td></tr>
<tr><td>2월</td><td>· 하하하! 유쾌한 친구들</td></tr>
<tr><td>3월</td><td>· 파이팅! 씩씩한 친구들</td></tr>
<tr><td>4월</td><td>· 안녕! 동물친구들</td></tr>
<tr><td>5월</td><td>· 고마워요! 사랑과 감사의 달</td></tr>
<tr><td>6월</td><td>· 수리수리 마수리 마법의 세계</td></tr>
<tr><td>7월</td><td>· 타임슬립! 시공간여행
· 여름방학특선 쿨썸머영화제</td></tr>
<tr><td>8월</td><td>· 두근두근 모험의 세계</td></tr>
<tr><td>9월</td><td>· 어디에 있을까? 신비한 친구들</td></tr>
<tr><td>10월</td><td>· 맛있는 이야기</td></tr>
<tr><td>11월</td><td>· 음악과 영화의 만남</td></tr>
<tr><td>12월</td><td>· 겨울이야기</td></tr>
<tr><td rowspan="12">2016</td><td rowspan="12">-</td><td rowspan="12">-</td><td>1월</td><td>· 새해맞이 희망이야기</td><td rowspan="12">-</td></tr>
<tr><td>2월</td><td>· 함께 떠나는 우주여행</td></tr>
<tr><td>3월</td><td>· 신나는 모험의 세계</td></tr>
<tr><td>4월</td><td>· 작은 세상에서 들려오는 목소리</td></tr>
<tr><td>5월</td><td>· 가족과 함께하는 이야기</td></tr>
<tr><td>6월</td><td>· 반짝반짝 환상의 세계</td></tr>
<tr><td>7월</td><td>· 용감한 친구들
· 여름방학특선 쿨썸머영화제</td></tr>
<tr><td>8월</td><td>· 여름이야기</td></tr>
<tr><td>9월</td><td>· 만나러 가요! 동물친구들</td></tr>
<tr><td>10월</td><td>· 마음을 적시는 감동</td></tr>
<tr><td>11월</td><td>· 또 다른 세상의 이야기</td></tr>
<tr><td>12월</td><td>· 눈꽃이 활짝 웃음이 활짝</td></tr>
</table>

연도	꿈마을 문화마당	어린이날행사 모여라! 꿈마을	꿈마을 영화마당 → 꿈이 쑥쑥~ 꿈나무 영화마당 *2013년 제목변경	열린예술극장
2017	-	-	1월 · 꿈과 희망이 반짝반짝 2월 · 나의 가족, 나의 친구들 3월 · 동물친구들을 소개합니다 4월 · 상상, 미래를 열다 5월 · 슈퍼히어로를 만나다 6월 · 세상을 바꾸는 용기 7월 · 마법과 환상의 나라로 · 여름방학특선 쿨썸머영화제 8월 · 신나는 모험의 세계 9월 · 추억은 방울방울 10월 · 소년, 소녀를 만나다 11월 · 일상으로부터의 탈출 12월 · 겨울이야기	-
2018	-	-	1월 · 겨울왕국 2월 · 상상 속 신비한 세계 3월 · 동물친구들을 소개합니다 4월 · 모험의 세계속으로 5월 · 나의 가족, 나의 친구들 6월 · 바다 속 이야기 7월 · 숲 속 친구들 · 여름방학특선 쿨썸머영화제 8월 · 지구촌 마을 9월 · 함께 떠나는 우주여행 10월 · 우리 곁의 슈퍼히어로 11월 · 추억은 방울방울 12월 · 눈꽃이 활짝 웃음이 활짝	-

연도	꿈마을 문화마당	어린이날행사 모여라! 꿈마을	꿈마을 영화마당 → 꿈이 쑥쑥~ 꿈나무 영화마당 *2013년 제목변경		열린예술극장
2019	-	-	1월	· 행복이 가득! 귀여운 동물 친구들	-
			2월	· 신비하고 재미있는 이웃나라 대모험	
			3월	· 얼씨구나 절씨구나 옛 이야기 따라	
			4월	· 과거로 미래로! 여행을 떠나요!	
			5월	· 사랑이 듬뿍, 우리들의 보금자리	
			6월	· 싱그러운 멜로디	
			7월	· 푸른바다의 속삭임을 따라서 · 여름방학특선 쿨썸머영화제	
			8월	· 위풍당당 멋진영웅, 히어로	
			9월	· 안녕? 동화나라 친구들	
			10월	· Fall in love, 사랑에 빠진 가을	
			11월	· 오물오물, 맛있는 영화산책	
			12월	· 새 하얀 겨울 꿈동산	
2020	-	-	1월	· 모험의 세계로	-
			2월	· 수리수리 마수리~ 소원을 말해봐!	
			3월	· 선율따라 아름다운 음악에 빠져	
			4월	· 안녕~ 귀여운 동물친구들	
			5월	· 도란도란 우리가족 이야기	
			6월	· 박물관이 들려주는 영화이야기	
			7월	· 위풍당당 그녀들	
			8월	· 개구쟁이, 꼬마 친구들	
			9월	· 슝슝~ 시간여행 떠나요!	
			10월	· 지켜줘요 슈퍼히어로!	
			11월	· 우리, 작은행복을 만나러 가요	
			12월	· 하얀 겨울, 미리 메리크리스마스!	

4. 몽촌역사관 학예전문직 연수과정 운영 현황(2016~2022)

학예전문직 연수과정 교육강좌 운영 변화(2016~2022)

교육강좌	2016	2017	2018	2019	2020	2021	2022
연회수	45	50	48	56	47	55	49
누적회수	45	95	143	199	246	301	350

학예전문직 연수과정 참여인원 변화(2016~2022)

참여인원	2016	2017	2018	2019	2020	2021	2022
연인원	11	8	8	6	12	7	7
누적인원	11	19	27	33	45	52	59

학예전문직 연수과정 세부 운영 현황(2016~2022)

연도	직무교육	멘토링 / 미디어 특강
2016	1. 박물관 학예전문직 직업윤리요강 2. 박물관의 역할과 전시구성 3. 박물관 유물의 수집과 관리 4. 박물관 교육의 구성과 운영 5. 발굴조사의 실제	1. 준학예사 자격제도의 이해 2. 기간제연구원 및 학예직 취업 3. 광고박물관의 이해와 공기업박물관 입사 4. 어린이박물관의 이해와 최신동향 5. 에듀케이터 실무와 교육프로그램 기획 6. 지역적 특성을 이용한 고고학 교육콘텐츠의 개발 7. 현장조사의 기초와 발굴조사 연구 실무

전시 · 교육 · 학술대회 견학	업무 성과	참여자
1. 한미사진미술관 교육 《SNS 시대의 사진과 예술》 2. 국립민속박물관 학술대회 《박물관 교구재 개발 및 활용》 3. 한국박물관협회 교육 《2016 전국 박물관 · 미술관 예비 학예인력 기본교육》 4. 국립중앙박물관 학술대회 《어린이가 원하는 것, 어린이에게 바라는 것》 5. 국립민속박물관 특별전 《김수남을 말하다》 6. 국립중앙박물관 특별전 《한일 국보 반가사유상의 만남》 7. 국립중앙박물관 테마전 《벼락도끼와 돌도끼》 8. 대한민국역사박물관 특별전 《선거, 민주주의를 키우다》 9. 국립중앙박물관 상설전 선사·고대관 10. 국립중앙박물관 특별전 《신안해저선에서 찾아낸 것들》 11. 국립한글박물관 특별전 《광고 언어의 힘》 12. 국립중앙박물관 특별전 《미술 속 도시, 도시 속 미술》 13. 국립중앙박물관 특별전 《세계유산 백제》 14. 국립중앙박물관 어린이박물관 상설전, 특별전 《눈부신 황금의 나라, 신라》 15. 고양어린이박물관 상설전 16. 국립민속박물관 어린이박물관 상설전 《해와달이 된 오누이》 17. 국립민속박물관 어린이박물관 특별전 《나무를 만나다》 18. 전쟁기념관 어린이박물관 상설전 19. 서울상상나라 상설전, 기획전 《생각 변신 놀이》 20. 호림박물관 신사분관 특별전 《근대회화의 거장들_서화에서 그림으로》 21. 서울대학교박물관 특별전 《우리 곁의 한복》 22. 숙명여자대학교박물관 특별전 《삶의 향연》 23. 코리아나화장박물관 상설전, 테마전 《음飮·유遊의 즐거움》 24. 한미사진미술관 특별전 《CONCRETOPIA 가상의 유토피아》 25. 한미사진미술관 기획전 《주명덕 사진전 蓮 PADMA》 26. 서울미술관 특별전 《이중섭은 죽었다》 27. 서울미술관 기획전 《연애의 온도》, 《봄·여름·가을·겨울을 걷다》 28. 동대문디자인플라자 특별전 《장 폴 고티에 展》 29. 삼성미술관 Leeum 기획전 《분청사기, 무늬에 깃든 마음》 30. 국립현대미술관 덕수궁관 기획전 《이중섭, 백 년의 신화》 31. 국립현대미술관 서울관 기획전 《공예공방 | 공예가 되기까지》 32. 예술의전당 한가람미술관 특별전 《프랑스 국립 오르세미술관-이삭줍기展》 33. 국립현대미술관 덕수궁관 기획전 《유영국, 절대와 자유》	1. 20여 개의 교육프로그램 교육준비 및 운영, 교구재 개발 및 활동지 제작 2. 상설전시, 체험전시실, 백제집자리전시관 개편 3. 한성백제박물관 특별전 전시보조 4. 백제학연구소 몽촌토성 발굴 유물 보존처리 5. 문화행사(영화상영 및 송파구박물관 연계프로그램) 운영 6. 연말 교육활동집, 몽촌역사관 도록, 학예전문직 성과자료집 발간	김민정 김민현 김현주 박윤정 안지영 윤소록 이소영 이장미 이지민 정다움 최효찬

연도	직무교육	멘토링 / 미디어 특강
2017	1. 박물관 학예전문직 직업윤리요강 2. 박물관의 역할과 전시구성 3. 박물관 유물의 수집과 관리 4. 박물관 교육의 구성과 운영 5. 발굴조사의 실제	1. 창의적 체험공간으로서 박물관, 그리고 큐레이터 2. 박물관의 학교연계 협력방안과 교육프로그램의 개발 3. 우리나라 박물관 미술관 설립현황과 박물관 미술관 진흥법 4. 학예사 자격제도 운영현황과 그 변화 5. 어린이박물관의 운영현황과 최신동향, 발전 가능성 6. 국공립박물관 학예사 채용제도와 발전 가능성 7. 사립박물관의 발전방향과 미래전망 8. 지역 소재 국립박물관과 학예연구사의 역할

전시 · 교육 · 학술대회 견학	업무 성과	참여자
1. 청계천박물관 교육 《뚝딱뚝딱! 청계천 판잣집》 2. 서울역사박물관 교육 《박물관 보존실 견학 프로그램》 3. 국립민속박물관 어린이박물관 교육 《색의 마음》 4. 국립한글박물관 교육 《한글놀이터》 5. 국립중앙박물관 어린이박물관 교육 《변하고 변해서 무엇이 될까》 6. 국립중앙박물관 어린이박물관 교육 《보물이 숨겨진 석탑이야기》 7. 국립민속박물관 어린이박물관 학술대회 《어린이박물관 전시 및 체험프로그램 개발》 8. 한양도성박물관 교육 《한양도성 탐험대》 9. 국립중앙박물관 특별전 《이집트 보물전》 10. 서울역사박물관 특별전 《남대문시장》 11. 청계천박물관 기획전 《다시 보는 청계천 1965~1968》 12. 국립중앙박물관 특별전 《아라비아의 길-사우디아라비아의 역사와 문화》 13. 국립중앙박물관 특별전 《선인들의 마음, 보물이 되다-新國寶寶物展 2014~2016》 14. 국립중앙박물관 테마전 《고성 옥천사 괘불》 15. 국립고궁박물관 기획전 《조선왕실의 포장 예술》 16. 호림박물관 특별전 《철, 검은 꽃으로 피어나다》 17. 국립민속박물관 특별전 《쓰레기×사용설명서》 18. 서울상상나라 상설전시 19. 국립중앙박물관 특별전 《王이 사랑한 보물》 20. 국립한글박물관 기획전 《한글 전래동화 100년》 21. 대한민국역사박물관 특별전 《청년의 초상》 22. 국립한글박물관 특별전 《한중일 서체 특별전》 23. 국립중앙박물관 기획특별전 《쇠, 철, 강 – 철의 문화사》 24. 롯데월드민속박물관 상설전시 《삼국시대》 25. 국립고궁박물관 기획전 《나라 밖 우리 그림, 제 모습을 되찾다》 26. 국립현대미술관 서울관 특별전 《삼라만상 : 김환기에서 양푸둥까지》 27. 북서울미술관 특별전 《점·선·면》 28. 국립현대미술관 덕수궁관 특별전 《예술이 자유가 될 때 : 이집트 초현실주의자들(1938~1965)》 29. 예술의전당 서울서예박물관 특별전 《알렉산더 대왕이 만난 붓다 – 간다라 미술》 30. 예술의전당 한가람디자인미술관 기획전 《모리스 드 블라맹크》 31. 동대문디자인플라자(DDP) 특별전 《훈민정음·난중일기 : 다시, 바라보다》 32. 서울미술관 기획전 《사임당, 그녀의 화원》 33. 국립현대미술관 특별전 《덕수궁 야외프로젝트 : 빛·소리·풍경》 34. 예술의전당 한가람디자인미술관 특별전 《무민원화전》 35. 소마미술관 기획전 《영국 국립미술관 테이트 명작전-NUDE》 36. 동대문디자인플라자(DDP) 특별전 《바람을 그리다 : 신윤복·정선》 37. Palais de Tokyo(Paris) 기획전 《DIORAMAS》	1. 20여 개의 교육프로그램 교육준비 및 운영, 교구재 개발 및 활동지 제작 2. 상설전시실, 체험전시실, 백제집자리전시관 개편 3. 한성백제박물관 특별전 전시보조 4. 백제학연구소 몽촌토성 발굴 유물 보존처리 5. 문화행사(영화상영 및 송파구박물관 연계프로그램) 운영 6. 연말 교육활동집, 몽촌역사관 도록, 학예전문직 성과자료집 발간	김병선 김수영 김은주 박유림 이아민 이 휘 정민지 조연성

연도	직무교육	멘토링 / 미디어 특강
2018	1. 박물관 학예전문직을 위한 오리엔테이션 2. 백제사와 한성백제박물관의 전시 3. 박물관 유물의 수집과 관리 4. 교육프로그램의 개발과 운영 5. 융복합 교육의 이해와 교육 방안 탐색 6. 박물관의 발굴조사와 학술연구 7. 발굴조사의 실제 8. 친절한 박물관 9. 박물관에서의 글쓰기 10. 박물관의 역사 인식	1. 4차 산업혁명과 박물관, 그리고 큐레이터 2. 박물관 건립과 큐레이팅 3. 박물관의 새로운 흐름과 전시기획 4. 큐레이션을 큐레이션하다 5. 전시기획 심화과정 6. 소장유물의 보존과 관리 7. 박물관의 학교연계 협력방안과 교육프로그램의 변화 방향 8. 어린이박물관의 운영현황과 동향 9. 사립미술관의 교육프로그램 운영 10. 우리나라 박물관 미술관 설립현황과 박물관 및 미술관 진흥법 11. 학예사 자격제도 운영현황과 그 변화
2019	1. 한성백제박물관의 현황과 미래 비전 2. 백제사와 한성백제박물관의 전시 3. 박물관 유물의 수집과 관리 4. 교육프로그램의 개발과 운영 5. 융복합 교육의 이해와 교육 방안 탐색 6. 박물관의 발굴조사와 학술연구 7. 몽촌토성 발굴성과 : 실내강의 8. 몽촌토성 발굴성과 : 현장답사 9. 풍납동 토성 발굴성과 10. 석촌동 고분군 발굴성과 11. 백제문화의 이해1 : 백제고분 12. 백제문화의 이해2 : 백제도성 13. 백제문화의 이해3 : 백제토기 14. 백제문화의 이해4 : 백제불교 15. 친절교육: 친절한 박물관 16. 어린이 눈높이 전시해설 : 현직 초등교사의 해설 17. 특별전1 《한성에서 만나는 신라 월성》 전시해설 18. 특별전2 《백제의 산성》 전시해설	1. 박물관 건립과 전시기획 2. 박물관과 역사인식 3. 기초 글쓰기 : 시민의 공감을 부르는 눈높이 글쓰기 4. 박물관 글쓰기 : 전시도록 · 전시패널 사례 5. 우리나라 박물관 · 미술관 설립현황과 박물관 및 미술관 진흥법 6. 학예사 자격제도 운영현황과 그 변화 7. 사립박물관 · 미술관의 운영현황 8. 미술관 건립과 큐레이팅 9. 유네스코 세계유산과 서울의 문화유산 10. 고고학 콘텐츠를 활용한 지역 박물관 11. 에듀케이터 실무와 교육 기획 : 유라, 어린이 대상 교육 사례 12. 박물관의 특성과 조사연구 : 국립민속박물관 사례 13. 전시기획 실무1(기초) : 박물관의 새로운 흐름과 전시기획 14. 전시기획 실무2(심화) : 모둠별 주제 발표&평가

전시 · 교육 · 학술대회 견학	업무 성과	참여자
1.국립중앙박물관 교육 《박물관 전문직 체험교실》 2.국립중앙박물관 교육 《우리는 문화재 지킴이》 3.국립한글박물관 교육 《알록달록 한글 숲 여행》 4.서울역사박물관 교육 《박물관 보존실 견학프로그램》 5.국립중앙박물관 학술대회 《관람객 중심 박물관: IT와 페다고지》 6.한성백제박물관 학술대회 《고구려 고분벽화, 남북의 소중한 세계문화유산》 7.한성백제박물관 학술대회 《동아시아 고분문화와 백제 왕릉의 위상》 8.국립중앙박물관 상설전 《선사·고대관》 9.국립중앙박물관 특별전 《예르미타시박물관展, 겨울 궁전에서 온 프랑스 미술》 10.국립중앙박물관 특별전 《세 부처의 모임-상주 용흥사 괘불》 11.국립중앙박물관 특별전 《칸의 제국 몽골》 12.국립중앙박물관 특별전 《황금문명 엘도라도-신비의 보물을 찾아서》 13.국립민속박물관 특별전 《호모 소금 사피엔스-소금을 가진 지혜의 인간》 14.국립민속박물관 특별전 《세대를 넘어-수제화 장인》 15.국립고궁박물관 특별전 《프로젝트展 : 월月:성城-신라 천년 궁성, 월성을 만나다》 16.국립고궁박물관 특별전 《조선왕실 아기씨의 탄생 : 나라의 복을 담은 태항아리》 17.국립한글박물관 상설전 《한글이 걸어 온 길》 18.국립한글박물관 특별전 《나는 몸이로소이다 - 개화기 한글 해부학 이야기》 19.대한민국역사박물관 특별전 《제주 4·3 이젠 우리의 역사》 20.서울역사박물관 상설전 《600년 서울을 담다》 21.한양도성박물관 특별전 《숭례문, 다시 세우다》 22.서울대학교박물관 상설전 《고고역사실》 23.연세대학교박물관 특별전 《그림의 마술사 : 에셔전》 24.실학박물관 특별전 《정약용, 열수에 돌아오다》 25.대림미술관 특별전 《Paper , Present : 너를 위한 선물》 26.아모레퍼시픽미술관 특별전 《Rafael Lozano-Hemmer : Decision Forest》 27.동대문디자인플라자(DDP) 특별전 《장승업 취화선 특별전-조선 최후의 거장展》	1. 20여개의 교육프로그램 운영, 교구재 개발 및 활동지 제작 2. 상설전시, 체험전시실, 백제집자리전시관 개편 3. 한성백제박물관 특별전 전시보조 4. 백제학연구소 몽촌토성 발굴 유물 보존처리 5. 문화행사(영화상영 및 송파구박물관 연계프로그램) 운영 6. 연말 교육활동집, 학예전문직 성과자료집 발간	김윤경 나지영 성주현 이연화 이주현 정두영 조난형 하현미
1. 한양도성박물관 교육 《블록으로 배우는 한양도성》 2. 국립중앙박물관 교육 《상반기 국립중앙박물관 전문직 체험교실》 3. 국립중앙박물관 어린이박물관 교육 《가야의 초콜릿 공장》 4. 국립민속박물관 교육 《박물관에서 꿈꾸는 미래》 5. 국립한글박물관 교육 《뿌리 깊은 나무》 6. 국립민속박물관 어린이박물관 학술대회 《박물관 교육과 지역 사회의 새로운 파트너십》 7. 국립중앙박물관 상설전 《선사·고대관》 8. 국립중앙박물관 특별전 《베트남 국립역사박물관 소장품》 9. 국립중앙박물관 특별전 《근대 서화, 봄 새벽을 깨우다》 10. 국립중앙박물관 테마전 《고려 보물의 속을 들여다보다》 11. 국립중앙박물관 특별전 《우리 강산을 그리다 : 화가의 시선, 조선시대 실경산수화》 12. 국립중앙박물관 테마전 《황제의 나라에서 국민의 나라로》 13. 국립중앙박물관 특별전 《로마 이전, 에트루리아》 14. 국립민속박물관 특별전 《기억의 공감共感, 2018년도 기증자료전》 15. 국립민속박물관 특별전 《인류학자 오스굿의 시선, 강화 선두포》 16. 국립민속박물관 특별전 《메이드Made 인人 인천》 17. 국립고궁박물관 특별전 《문예군주를 꿈꾼 왕세자, 효명》 18. 대한민국역사박물관 특별전 《대한독립 그날이 오면》 19. 서울역사박물관 특별전 《안데르센, 코펜하겐 1819》 20. 한양도성박물관 특별전 《기록자료로 본 한양도성III- 성문개폐》 21. 청계천박물관 상설전 《청계천박물관 상설전시》 22. 서울교육박물관 특별전 《대한의 독립과 결혼하다》 23. 한가람미술관 특별전 《그리스 보물전 아가멤논에서 알렉산드로스 대왕까지》 24. 소마미술관 특별전 《안녕, 푸 展 Winnie-the-pooh : Exploring a Classic》	1. 30여개의 교육프로그램 운영, 교구재 개발 및 활동지 제작 2. 상설전시, 체험전시실, 백제집자리전시관 개편 3. 한성백제박물관 특별전 전시보조 4. 백제학연구소 몽촌토성 발굴 유물 보존처리, 수장고 관리, 찾아가는 박물관 운영 5. 문화행사(영화상영 및 송파구박물관 연계프로그램) 운영 6. 연말 교육활동집, 학예전문직 성과자료집 발간	김은별 김현아 김혜원 박승혜 이소현 지 혜

연도	직무교육	멘토링 / 미디어 특강
2020	1. 박물관 학예전문직 연수과정의 현황과 미래 비전 2. 박물관 전시 기획의 실제 3. 박물관 유물의 수집과 관리 4. 박물관 교육 기획과 운영 5. 박물관의 발굴 조사와 학술 연구 6. 몽촌토성 발굴 성과 : 실내 강의 7. 몽촌토성 발굴 성과 : 현장 답사 8. 풍납동토성 발굴 성과 : 실내 강의 9. 석촌동 고분군 발굴 성과 : 현장 답사 10. 백제 문화의 이해1 : 백제 도성 11. 백제 문화의 이해2 : 백제 불교 12. 백제 문화의 이해3 : 백제 토기 13. 백제 문화의 이해4 : 백제 고분 14. 친절 교육 : 친절한 박물관 15. 어린이 눈높이 전시 해설 : 박물관을 살리는 힘, 아이들	1. 글쓰기와 교정 · 교열의 이해 2. 전시 기획의 이해 3. 전시 기획과 영상 실무 : 디지털 미디어 시대의 박물관 4. 전시 기획 사례 연구 : 국립민속박물관 상설전 · 특별전 5. 전시 기획 심화 과정 : 모둠별 주제 발표&평가 6. 에듀케이터 실무와 교육 기획 : 온라인 교육 개발 7. 학예사 자격제도와 민속현장조사방법론 8. 서울의 문화유산과 박물관 건립의 이해 9. 고고학 콘텐츠를 활용한 지역 박물관 10. 박물관 리모델링의 기획과 진행 과정 11. 사립 박물관 · 미술관의 운영 현황 12. 영상 미디어 제작 이론1 : 영상 미디어의 탄생 13. 영상 미디어 제작 이론2 : 박물관 속 시네마 14. 영상 미디어 제작 이론 3: 역사를 기록하는 방식 15. 영상 미디어 제작 워크숍1 : 영상 디자인 프로그램의 이해 16. 영상 미디어 제작 워크숍2 : 영상 디자인 제작 실습 17. 박물관 전시 영상과 영상 매체의 이해 18. 박물관 전시 영상&교육 영상의 제작 현황
2021	1. 한성백제박물관 운영현황과 미래 비전 2. 박물관 전시 기획과 전시 준비 3. 박물관 교육 프로그램의 개발과 운영 4. 초등학교의 온라인 교육 현장 5. COVID-19와 스마트 박물관으로의 전환 6. 유물 수집, 등록과 관리 7. 한성백제왕도유적의 발굴 성과 8. 몽촌토성 발굴 성과: 현장 답사 9. 풍납동 토성 발굴 성과: 실내 강의 10. 풍납동 토성 발굴 성과: 현장 답사 11. 석촌동 고분군 발굴 성과: 현장 답사 12. 백제 문화의 이해 1: 백제의 시공간적 범위 13. 백제 문화의 이해 2: 백제 도성의 구조와 변천 14. 백제 문화의 이해 3: 백제 토기의 제작과 활용 15. 백제 문화의 이해 4: 백제 불교의 수용과 확산 16. 특별전 《왕성과 왕릉》 전시 해설 17. 친절 교육: 친절한 박물관	1. 글쓰기와 교정 · 교열의 이해 1 · 2 2. 전시 기획의 이해 3. 전시 기획 심화 과정: 모둠별 주제 발표&평가 4. 소장품 관리 워크숍 5. 조사연구 업무와 학예사 자격제도 6. 서울의 문화유산과 박물관 건립의 이해 7. 실감 콘텐츠를 활용한 지역 박물관 8. 디지털 박물관과 실감 콘텐츠 9. 기술혁명과 박물관: 실감 콘텐츠를 중심으로 10. 영상 미디어 제작 이론 1: 영상 미디어의 탄생 11. 영상 미디어 제작 이론 2: 박물관 속 시네마 12. 영상 미디어 제작 이론 3: 역사를 기록하는 방식 13. 박물관 실감 미디어와 문화재의 디지털화 14. 박물관 전시 영상과 영상 매체의 이해 15. 박물관 전시 영상 미디어의 실제 1 16. 박물관 전시 영상 미디어의 실제 2 17. 전시 기획과 영상 실무: 국립민속박물관 사례를 중심으로

전시 · 교육 · 학술대회 견학	업무 성과	참여자
1. 국립중앙박물관 학술대회 《치유공간으로서의 박물관》 2. 국립중앙박물관 특별전 《가야본성 - 칼劍과 현絃》 3. 국립중앙박물관 특별전 《시대를 짊어진 재상 : 백사 이항복 종가 기증전》 4. 국립중앙박물관 특별전 《꽃비 내리다 - 보물 제1270호 영천 은해사 괘불》 5. 국립중앙박물관 특별전 《빛의 과학, 문화재의 비밀을 밝히다》 6. 국립고궁박물관 특별전 《청 황실의 아침, 심양 고궁》 7. 국립고궁박물관 특별전 《숙종대왕 호시절에》 8. 대한민국역사박물관 특별전 《소리, 역사를 담다》 9. 서울역사박물관 특별전 《서울의 전차》 10. 서울상상나라 상설전 11. 국립현대미술관 특별전 《탄생 100주년 기념 : 박래현, 삼중통역자》 12. 아모레퍼시픽미술관 특별전 《2020년 고미술 소장품 특별전 APMA, CHAPTER TWO》 13. 한가람미술관 특별전 《모네에서 세잔까지 : 예루살렘 이스라엘 박물관 인상파와 후기 인상파 걸작》 14. 롯데뮤지엄 특별전 《장 미쉘 바스키아 - 거리, 영웅, 예술》	1. 전시실 개편 및 인테리어, 유물 교체 2. 온라인 교육 영상, 교육 꾸러미 제작, 실시간 교육 지원 3. SNS 콘텐츠 개발 4. 한성백제박물관 특별전 전시 보조 5. 백제학연구소 몽촌토성 발굴 유물 보존 처리, 유물 인수 및 대여, 수장고 관리 6. 연말 교육 활동집, 성과자료집, 상설 전시실 리플릿, 유물 교육 자료집 발간	김 란 김원정 김윤이 박태훈 성민정 송민희 심 지 이상은 이정원 임예윤 최나현 최정화
1. 국립중앙박물관 특별전 《한겨울 지나 봄 오듯 - 세한歲寒 평안平安》 2. 국립중앙박물관 특별전 《시대의 얼굴, 셰익스피어에서 에드 시런까지》 3. 국립중앙박물관 특별전 《이집트-삶, 죽음, 부활의 이야기》 4. 국립중앙박물관 특별전 《중국 고대 청동기-신에서 인간으로-》 5. 국립고궁박물관 상설전 6. 국립고궁박물관 특별전 《안녕, 모란》 7. 국립한글박물관 상설전 《나의 특별한 하루》 8. 대한민국역사박물관 특별전 《등록문화재, 광화문에서 보다》 9. 서울역사박물관 특별전 《모래섬, 비행장, 빌딩숲 여의도》 10. 서울생활사박물관 특별전 《세대공감-최달용의 서울살이》 11. 청계천박물관 특별전 《미디어 아트X세운상가》 12. 국립민속박물관 상설전 《한국인의 일 년》 13. 하남역사박물관 상설전 《이성산성, 한강을 지배하다》 14. 동대문역사관 상설전 《동대문역사관 상설 전시》 15. 전쟁기념관 특별전 《투탕카멘: 파라오의 비밀》 16. 서울공예박물관 상설전 《장인, 세상을 이롭게 하다》 17. 국립중앙도서관 상설전 《실감서재》 18. 서울시립미술관 특별전 《컬렉션 _ 오픈 해킹 채굴》 19. 서울시립미술관 특별전 《기후미술관: 우리 집의 생애》 20. 일민미술관 특별전 《FORTUNE TELLING: 운명상담소》 21. 아트스페이스3 상설전 《유구전시관》	1. 16종류의 교육프로그램 운영, 교구재 개발 및 활동지 제작 2. 증강현실 앱 기획 및 개발 3. 몽촌역사관 전시 개편 용역 진행 4. SNS 관리 및 운영 5. 온라인 전시 안내 앱 개발 및 운영 6. 한성백제박물관 특별전 전시보조 7. 문화행사(영화상영 및 송파구박물관 연계프로그램) 운영 8. 연말 교육활동집, 학예전문직 성과자료집 발간	공나연 권효주 김성희 김원정 김은지 양지만 유나경

연도	직무교육	멘토링 / 미디어 특강
2022	1. 한성백제박물관 운영 현황과 비전 2. 한성백제박물관 특별전 해설 : 《경주쪽샘》 3. 한성백제박물관 서울형 뉴딜일자리 「박물관 학예전문직 연수과정」 소개 4. 박물관의 발굴조사와 학술 연구 5. 전시기획의 이해 1 6. 풍납동 토성 발굴 성과 : 실내 강의 7. 유물 수집, 등록과 관리 8. 백제 문화의 이해 1 : 백제사 9. 소장품 관리 워크숍 1 10. 박물관의 상설전시 개편 -경기도박물관 사례를 중심으로 11. 소장품 관리 워크숍 2 12. 전시기획의 이해 2 : 워크숍 13. 몽촌토성 발굴 성과 : 실내 강의 14. 백제 문화의 이해 2 : 백제 도성 15. 전시기획의 이해 3 : 워크숍 16. 몽촌토성 발굴 성과 : 현장 답사 17. 풍납동 토성 발굴 성과 : 현장 답사	1. 친절교육 : 슬기로운 박물관 CS 2. 융합교육을 활용한 박물관 교육의 이해 3. 실감 콘텐츠를 활용한 지역 박물관 4. 서울의 문화유산과 박물관 건립의 이해 5. 유물특강 : 문화재 글쓰기 1 6. 유물특강 : 문화재 글쓰기 2 7. 유물특강 : 보도자료 작성 8. 유물특강 : 유물명세서 작성-국립중앙박물관 사례를 중심으로 9. 미술관의 전시기획과 실무-서울시립미술관 사례를 중심으로 10. 글쓰기와 교정 · 교열의 이해 1-박물관에서의 글쓰기 11. 뮤지엄 트렌드의 한계와 항구적 발전 전략-국립항공박물관 사례를 중심으로 12. 메타버스와 디지털스토리텔링 13. 디지털 헤리티지의 최신 경향 14. 물관 전시영상과 영상 매체 이해 15. 박물관의 전시영상 실무-국립민속박물관 사례를 중심으로 16. 박물관 맥락에서의 디지털 헤리티지

전시 · 교육 · 학술대회 견학	업무 성과	참여자
1. 서울공예박물관 어린이박물관 상설전 2. 서울공예박물관 특별전 《2022년 로에베 재단 공예상》 3. 국립중앙박물관 특별전 《아스테카, 태양을 움직인 사람들》 4. 국립중앙박물관 특별전 《어느 수집가의 초대 - 고故 이건희 회장 기증 1주년 기념전》 5. 국립중앙박물관 특별전 《메소포타미아, 저 기록의 땅》 6. 국립중앙박물관 특별전 《합스부르크 600년, 매혹의 걸작들》 7. 우리소리박물관 상설전 8. 국립고궁박물관 특별전 《고궁연화古宮年華》 9. 국립한글박물관 상설전 《훈민정음, 천년의 문자 계획》 10. 국립민속박물관 특별전 《민속이란 삶이다》 11. 서울역사박물관 특별전 《명품도시 한양 보물 100선》 12. 호림박물관 특별전 《기억記憶》 13. 롯데월드 민속박물관 상설전 14. 대한민국역사박물관 특별전 《일제는 무엇을 숨기려 했는가》 15. 간송미술관 기획전 《보화수보寶華修補 간송의 보물 다시 만나다》 16. 갤러리아포레 서울숲 특별전《팀보타 : 머스타드 블루 '탐의 숲'》	1. 14종류의 교육프로그램 운영, 교구재 개발 및 활동지 제작 2. 증강현실 앱 기획 및 개발 및 운영 3. 몽촌역사관 특별전 전시 기획 및 운영 4. SNS 관리 및 운영 5. 온라인 전시 안내 앱 운영 6. 한성백제박물관 특별전 전시보조 7. 문화행사(영화상영 및 송파구박물관 연계프로그램) 운영 8. 연말 교육활동집, 학예전문직 성과자료집, 몽촌역사관 특별전 도록 발간	김수림 김주영 류령모 서진아 이수정 이은서 차정주

5. 언론기사로 보는 몽촌(1980~2022)

연도	날짜	기사제목	언론사
1980	03.04.	**본격 着手 百濟文化개발사업** 文公部 文化財관리국 10개년계획 확정발표	경향신문
1982	07.21.	**蚕室에 대규모 올림픽 公園** 마스터플랜 확정 내년 下半期 착수	조선일보
1983	12.28.	**「百濟 옛터」에 超現代 경기장** 올림픽타운	조선일보
1984	08.22.	**百濟유적 夢村土城 복원돼야** 2차 발굴 조사를 끝내고<任孝宰>	조선일보
	08.27.	**「百濟숨결」 되살릴길 없나** 서울 江南·江東 三國초기유적 훼손의 現場	경향신문
1985	02.25.	**百濟유적지 夢村土城 내달에 本格발굴**	경향신문
	05.02.	**文化財·史蹟址 도시개발에 受難**	동아일보
	05.22.	**百濟 BC 1세기 国家체제 확립** 서울大 崔夢龍교수 歷史學대회 주제논문	조선일보
	07.02.	**서울 「百濟古都」 되살린다** 李文公, 廉서울시장 江東일대遺蹟 복원계획 발표	동아일보
	07.02.	**서울 5개古代유적지 復元** 李문공 밝혀 「86, 88」 대비 國庫·市費 총519億투입	경향신문
	07.02.	**歷史·文化의 「산 教育場」으로**…古代유적지 復元사업내용	경향신문
	07.03.	**서울 百済·新石器유적 復元** 文公部-서울市, 江東5개소에 91년까지 5백억 투입	조선일보
	07.03.	**[社說]漢江邊에 古代文化의 숨결이…** -百濟史의 空白메우는 文化立國의 形象化	경향신문
	08.05.	**「올림픽타운」으로 개발한창**	경향신문
	09.25	**初期百濟의 수수께끼 풀릴 듯** 夢村土城 3차발굴조사 義意	경향신문
	09.25	**夢村土城은 百濟위례성 主城** 발굴조사단확인, 3세기 遺物 대량出土	경향신문
	09.25	**서울夢村土城 百濟慰禮城의主城** 서울大 金元龍교수팀 3차발굴 中間발표	동아일보
	09.25	**夢村토성 3세기때 築造** 발굴조사단 보고	조선일보
	10.29.	**震檀學會 百濟초기文化 처음으로 재조명**	경향신문
	12.04.	**遺蹟 2천3백건 새로 발굴** 문화재관리국, 전국 地表 조사 결과	조선일보
	12.11.	**百濟初철제유물 夢村토성서 발굴** 서울대박물관팀 馬具·武具등 공개	경향신문
1986	02.11	**漢江邊 문화유적지 復元** 考證委서 對象선정 …7월부터 시작	동아일보
	02.13.	**2世紀 百濟시대 「쇠뼈갑옷」復元성공**	경향신문
	04.20.	**遺蹟관광 4개코스 마련** 市內 고궁-大學路-古都등 순례	조선일보
	04.22.	**文化유적지 觀光코스** 고궁-大學路-古都등 4개순례구간 개발	경향신문
	05.23.	**50만坪의 壯觀…「올림픽公園」마무리** 1,688억 투입 …25개월만에 來週 완공	조선일보
	05.26.	**둔촌벌 50萬坪에 펼친「86.88요람」** 開場앞둔 올림픽公園	경향신문
	05.26.	**서울 둔촌동 올림픽公園50萬坪 완공**	동아일보
	05.27.	**百濟 古都에 세운 世界의 새舞臺 올림픽公園** ①몽촌土城	조선일보
	07.27.	**遺蹟발굴현장 일반에 공개** 龍江洞 고분 夢村土城-興德寺址부터 적용	조선일보
	08.28.	**夢村土城 쇠뼈갑옷등 일반公開** 大學-지방博物館, 亞洲게임 특별전	조선일보
1987	01.12.	**夢村土城에 산교육名所 百濟歷史觀 세운다**	동아일보
	03.07.	**88彫刻公園 30國참여 확정**	경향신문
	03.13	**夢村土城에 百濟歷史舘 건립** 文化財관리국 올 사업계획 마련	경향신문
	05.10.	**몽촌土城에 「百濟역사관」**	조선일보
	05.18.	**夢村土城 원통형土器 토목공사용 排水管이었다** 경희대 黃龍渾교수 주장	동아일보
	07.13.	**百濟역사관 扶餘·公州에 세워달라.** 현지人士들 유치캠페인	경향신문
	07.15.	**藝魂의 合唱…夢村土城 조각熱氣** 본격創作 들어간 올림픽彫刻 심포지엄	경향신문
	07.15	**88세계 現代美術祭(현대미술제) 중단촉구** 미술인 聲明 "夢村土城 훼손위험 크다"	동아일보
	07.17.	**夢村土城 「세계현대미술제」조각공원 말썽 造形物3개 이전검토** 올림픽 組織委., 미술인들과의 좌담서 밝혀	동아일보
	07.17	**「세계현대미술제」논란加熱**	조선일보
	07.23.	**「夢村土城 야외조각」 5점설치장소 변경**	동아일보

연도	날짜	기사제목	언론사
1987	07.23.	조각공원 설치장소 변경 朴組織委長 기자회견	조선일보
	07.24.	야외彫刻심포지엄 夢村土城밖으로 철수 外國작가들 반발일어	경향신문
	07.28.	文化財도 폭우로 큰被害	조선일보
	07.30.	[一事一言] 문화재위원회 姜仁求	조선일보
	08.04.	首都·扶餘·中原3개遺蹟圈 나눠 歷史紀行코스 개발 文化財관리국 3일旅程 안내册 펴내	경향신문
	08.04.	独立紀念館 주변 문화유적 3개권 4개 관광코스 개발	조선일보
	08.06.	夢村土城 조각 2개 추가移轉	동아일보
	08.07.	올림픽公園 야외彫刻 몽촌垓字주변서 移轉	경향신문
	09.03.	夢村土城서 上流層살았다 조사단보고서 정교한 벼루·꽃모양 기와 발굴	동아일보
	11.03.	7일 考古學전국대회	경향신문
	11.03.	백제초기문화 집중 조명	조선일보
1988	01.28.	올림픽 기간중 夢村土城 첫 公開발굴 서울大박물관 허가신청	경향신문
	02.04.	傳統문화 世界에 과시하겠다 國立大 博物館협의회 任孝宰회장	경향신문
	02.13.	百濟歷史觀 내년에 門연다	경향신문
	05.14.	몽촌土城서 무기·積心石발굴 "백제초기 도읍지 慰禮城입증“	경향신문
	05.14.	夢村토성 유적지서 철제武具 대량발견 서울大박물관	동아일보
	05.14.	백제武具 출토 몽촌토성에서	조선일보
	05.29.	새名所 올림픽 공원 土城도는 5㎞산책로 "세계의 觀光地" 발돋움	조선일보
	11.24.	몽촌토성에 「百濟역사관」 세운다	동아일보
	12.27.	百濟문화권 整備사업 본격추진 올해부터 92년까지 年次的으로	경향신문
	12.27.	百濟문화 3대圈域別 54곳정비 정부 발굴4개년계획을 알아본다	동아일보
1989	04.09.	한강유역서 고구려유물 발견 서울대 박물관 5세기 토기 40여점 공개	한겨레
	04.11.	任孝宰 서울大박물관장 「한국文化유물전」 개최	경향신문
	04.11.	몽촌토성 출토 高句麗유물 공개 서울大 박물관 오늘부터 전시	조선일보
	05.15.	百濟역사관 착공 늦어져	동아일보
	08.25.	韓文化의 뿌리 南北韓~滿洲 문화재탐사 (29) 古朝鮮양식 脈이은 高句麗토기 夢村土城유물의 同質性 증언	경향신문
	09.06.	夢村土城서 5세기때 온돌 발굴 서눌大 박물관조사단	동아일보
	09.07.	몽촌토성에서 발굴된 국내最古의 온돌건물지	경향신문
	09.08.	最古 온돌 시설 처음 완형발굴	매일경제
	10.10.	百濟역사관 건립 88공원내 이달 착공	경향신문
1990	01.21.	백제文化圈 중점정비 4百88億예산 올 文化財행정 확정발표	조선일보
	03.17.	百濟문화권 본격개발 李御寧문화장관 밝혀	경향신문
	09.15.	무너진 몽촌토성 복구 외면 올림픽공원안 1천3백㎡ 침수	한겨레
	10.17.	「서울6백년文化事業」 5개分野로 나눠 추진	조선일보
1991	02.27.	백제유적복원 올 마무리 석촌동 고분군-몽촌토성등 2곳	조선일보
	03.02.	백제文化유적 복원 올해 마무리짓기로	동아일보
	06.29.	올림픽공원 녹지 "부실공사"	조선일보
	08.20.	몽촌토성 야생화단지로 조성	연합뉴스
	12.26.	몽촌토성내에 눈썰매장 운영 추진	연합뉴스
1992	01.23.	몽촌토성 눈썰매장 추진말썽 한국산업개발 조성계획서 제출	동아일보
	01.24.	夢村土城 눈썰매장추진 말썽 국민체육진흥공단 "史蹟훼손" 학계 큰반발	경향신문
	01.24.	史蹟地에 눈썰매장이라니	조선일보
	01.24.	夢村토성 눈썰매장 말썽 한국산업개발 추진 "史蹟훼손" 학계 강력반발	조선일보
	01.24.	몽촌토성에도 눈썰매장'말썽'	한겨레
	01.25.	「夢村土城 눈썰매장」 건립 저지	동아일보
	01.25.	몽촌토성 눈썰매장 불허 문화재관리국	한겨레

연도	날짜	기사제목	언론사
1992	01.26.	몽촌토성 눈썰매장 건립계획 무산 문화재委 심의서 부결	경향신문
	01.26.	몽촌역사관 29일開館 유물2百44점 선보여	경향신문
	01.29.	夢村역사관 개관	동아일보
	01.29.	몽촌역사관 오늘 개관	한겨레
	03.09.	百濟숨결 따라 산책 한나절	경향신문
	05.20.	올림픽공원에 다람쥐, 꿩등 방사(放飼)	연합뉴스
	08.23.	서울시내 흩어진 城廓·門·宮·고분 볼거리 묶어 「觀光벨트」 조성	경향신문
	12.10.	光復이후 「遺物발굴역사」 모음展	경향신문
1993	01.05.	눈썰매장 건설로 올림픽공원 훼손	연합뉴스
	01.06.	올림픽公園내 눈썰매장	동아일보
	01.06.	서울시, 올림픽공원에 눈썰매장 설치 허가 "환경파괴·사적지훼손" 비난 여론 국민체육진흥공단 2일 공사시작	한겨레
	01.07.	올림픽 공원에 눈썰매장 건설	조선일보
	01.26.	올림픽공원 눈썰매장 공사강행 결정	조선일보
	02.18.	한강주변 一周 관광코스 개발 올봄 강동-강서 2개코스 첫선	조선일보
	02.18.	올림픽공원에 競輪場 추진	조선일보
	02.18.	국민체육 진흥공단 사행성'경륜'계획 파문	한겨레
	03.04.	경륜 '헛바퀴' 우려	한겨레
	03.12.	경륜장 설치 관련 시민대토론회 개최	연합뉴스
	03.13.	競輪 또 "덜컹덜컹“ 經實聯 시민토론회 지적	경향신문
	03.13.	'경륜'여가선용-도박 찬반논란 경실련 토론	한겨레
	03.23.	서울시민 60%이상 경륜시행에 찬성	연합뉴스
	03.25.	競輪실시 찬성하는 市民많다 진흥공단, 서울 1천명대상 여론조사	조선일보
	04.17.	定都 600년 서울 再発見 <5> 乙丑대홍수로 「岩寺유적」 햇빛	동아일보
	04.17.	올림픽공원에 競輪場설치 주민-체육공단 큰 마찰	동아일보
	06.17.	한강변 선사유적지·백제초기토성 「학습관광」코스로 좋다	동아일보
	08.23.	체육회會館 올림픽공원內 건립 논란	동아일보
1994	02.09.	'94 현장 <12> 지하철 8호선 암사~잠실 4.5㎞구간 착공	동아일보
	03.22.	<현장> 물의 빚고있는 競輪場 착공	연합뉴스
	03.22.	서울시내 15개 관광코스 개발	연합뉴스
	03.31.	석촌호수~올림픽공원~백제고분 연결 문화관광코스 만든다	경향신문
	09.08.	백제(百濟)문화제 행사 일정 확정	연합뉴스
	09.23.	지역문화 백제 천도의식 백제 7백년 '천도행사' 재현	한겨레
	09.29.	百濟 서울유적 보존회 결성 학계·문화계인사 35명 학술회의	경향신문
1995	06.21.	역사 南과北 <주간연재> 分斷50년…국사교과서 비교 <16> 백제 ② 都邑	조선일보
	08.03.	서울시, '문화재 관리소'신설 추진	연합뉴스
	08.04.	문화재관리사업소 신설 서울시	한겨레
1996	04.01.	<방송> 최인호 소설 「왕도의 비밀」 다큐로 제작	연합뉴스
	10.23.	백제 「한성시대」 역사적성격 규명 26일 세종문화회관서 학술세미나	경향신문
1997	02.01.	문화재를 찾아서 <5> 몽촌토성 초기백제의 잔영어린 「꿈꾸는 마을」	경향신문
	05.15.	"한강유역 관광벨트 구축하자"	연합뉴스
	10.15.	역사와 체육이 있는 '가족공원' 올림픽 공원	경향신문
	10.15.	"백제 숨결 현장서 느끼세요" 몽촌역사관 관장 하경세	경향신문
1998	04.24.	여기서도 공부해요 ⑧ 책으로만 본 선조삶 직접보니 '쏙쏙' 사당청소년회관 역사기행	한겨레
	05.07.	역대 市 도시계획국장들 서울발전史 생생히 증언	조선일보
	07.07.	몽촌 도당굿	한겨레
	07.08.	서울·인사이드 송파구 일원 백제魂 숨쉬는 유적 곳곳에…	조선일보

연도	날짜	기사제목	언론사
1998	08.10.	창덕궁 담장, 몽촌토성 붕괴 등 문화재피해 속출	조선일보
	08.11.	수도권 문화재 잇단 피해 50여곳 훼손-유실	조선일보
	08.12.	집중호우로 문화재도 적지않게 유실됐는데…"원형 완전훼손된것 없어 불행중 다행"	경향신문
	08.12.	문화재도 '수난'	한겨레
	10.20.	올림픽공원.미사리조정장, 관광명소로 바꾼다	연합뉴스
1999	06.08.	'새서울,우리한강' 주요 사업내용	연합뉴스
	06.09.	시민과 함께 흐르는 '푸릉 강 푸른 쉼터' 한강 5개권역 나눠 특화개발 '새서울 우리한강' 세구계획 내용	경향신문
	06.09.	시민 즐겨찾는 생활공간 탈바꿈	한겨레
	09.13.	풍납토성은 초기백제 王城	경향신문
	09.13.	몽촌토성보다 빠른 3세기중엽 축조 한성백제 왕성 풍납토성	조선일보
	10.22.	주말이 좋다 몽촌토성-백제고분군 송파 그곳엔 '백제의 향기'가 흐른다	동아일보
	12.08.	풍납토성서 백제토기 발견	한겨레
2001	01.07.	문화재연구소 학술지 「문화재」 발간	연합뉴스
	06.28.	"몽촌토성 출토 마구는 재갈 아닌 말 족쇄"	연합뉴스
	07.25.	문화재硏 "풍납토성은 3세기전후 축조 백제 왕성 가능성"	동아일보
	11.23.	"풍납토성은 재론여지 없는 백제 왕성"	연합뉴스
2002	08.16.	[수도권]풍납-몽촌토성 역사탐방 문화유적지 코스로 인기	동아일보
2003	01.12.	「향토서울」 하남위례성 특집호	연합뉴스
	03.27.	[인천/경기]온가족이 함께/탈바꿈하는 올림픽공원	동아일보
	11.30.	한성기 백제고고학의 토기.성곽 논쟁 학술대회 개최	연합뉴스
2004	02.06.	한성백제박물관 세운다	연합뉴스
	02.06.	한성백제박물관 세운다	한겨레
	02.10.	"투 톱" 문화재 특별법의 난관	연합뉴스
	03.09.	서울 역사문화 유적 탐방교실	한겨레
	03.18.	<새로나온 책> 한국고대사 대중서 두 종	연합뉴스
	03.26.	[광역단체장에게 듣는다] 이명박 서울시장	연합뉴스
	05.12.	[수도권]서울 여성문화유적지 답사 "조선여인을 다시본다"	동아일보
	09.25.	"가족·연인과 가을 추억을"	문화일보
	12.21.	풍납토성, 한성도읍기 백제 왕성 사실상 결판	연합뉴스
2005	03.21.	[수도권]한성 백제유물 한곳에 모인다	동아일보
	04.12.	가족과 함께 가볼만한 서울의 성곽	서울신문
	05.27.	[빌딩 X파일] 방이동 올림픽파크텔	서울신문
	05.29.	대학박물관은 지금 전시중.. 먼지털고 손님맞이 '햇빛' 보는 유물들	국민일보
	06.01.	서울시-체육공단, 올림픽공원 내 박물관 건립 이견	연합뉴스
	08.24.	서울시·체육공단, 이번엔 "한성백제박물관" 부지선정 공방	세계일보
	09.09.	'한강유역 2000년 발자취 재조명' 학술대회	연합뉴스
	09.27.	'문화강국' 백제숨결 송파서 느껴봐요	서울신문
	10.04.	전문도기(錢文陶器)와 한성백제 고고학 편년(1)	연합뉴스
	11.06.	한성백제박물관 전시설계 세미나	연합뉴스
2006	02.09.	한성백제박물관 건설부지 확정	연합뉴스
	02.09.	한성백제박물관 건설부지 확정	세계일보
	02.24.	'문화의 숲' 가꾸는 서울	한겨레
	03.07.	고교생이 아동용 '몽촌역사관' 안내서	연합뉴스
	03.07.	고교 2년생 5명이 몽촌역사관 안내서 펴내	한국일보
	03.20.	몽촌역사관 새 단장	연합뉴스
	03.30.	몽촌역사관으로 가족나들이 가볼까	서울신문

연도	날짜	기사제목	언론사
2006	04.02.	'박물관' 급으로 바뀐 몽촌역사관	연합뉴스
	04.09.	묻혀있던 '한성 백제'를 만난다	경향신문
	07.22.	동네 박물관서 여름방학 알차게!	서울신문
	11.12.	서울올림픽공원 20년만에 탈바꿈	한국일보
	11.26.	한강 주변 백제의 흔적 더듬어봐요	한겨레
2007	01.17.	<육조문화탐방> ④한국고고학을 흔드는 전문도기(錢文陶器)	연합뉴스
	01.18.	中 동오시대의 유적 '철옹성' 발굴현장을 가다	경향신문
	02.13.	한성백제박물관 건립 "지지부진"	세계일보
	07.13.	몽촌역사관 "한성백제 성곽을 배워요"	연합뉴스
	07.14.	몽촌토성 교육프로 참가자 모집	서울신문
	08.20.	'한성백제박물관' 내년 하반기 착공	한겨레
	09.05.	서울 몽촌역사관 어린이 역사교실 운영	연합뉴스
	09.27.	"고대 서울사람들은 어떻게 살았을까?"	연합뉴스
	10.03.	'백제의 혼'을 깨운다	서울신문
2008	02.28.	한성백제사 집대성 역사총서 나왔다	연합뉴스
	03.25.	서울역사박물관 "몽촌·풍납토성 체험해요"	연합뉴스
	04.08.	서울역사박물관 '몽촌체험교실' 프로그램	연합뉴스
	04.16.	[Zoom in 서울] 서울 '유네스코 역사도시' 꿈꾼다	서울신문
	07.09.	서울 몽촌역사관 여름방학 체험교실	연합뉴스
	07.20.	'생생 역사공부' 박물관으로 가자	한겨레
	08.21.	올림픽공원에 한성백제박물관 "2011년까지 건립" 설계안 공개	한겨레
	09.01.	<서울시 소식> 몽촌어린이역사교실 운영	연합뉴스
	09.19.	대백제의 꿈, 1300년만에 화려한 부활	한겨레
	12.09.	<학술소식> 백제개발硏 '백제도성제' 학술대회	연합뉴스
2009	01.07.	<문화소식> '꿈마을체험교실' 운영	연합뉴스
	05.18.	[공간+너머] 3부 新남촌, 강남-성장의 속도 ⑧ 올림픽조각공원, 강남 문화의 뿌리	국민일보
	07.28.	내가 만든 몽촌토성	연합뉴스
	09.02.	[전국플러스] 24일부터 몽촌어린이역사교실	서울신문
	12.23.	"서울의 영혼 담은 명품을 만들겠다" 한성백제박물관 추진단장 이종철씨	세계일보
2010	03.07.	보리 밟으며 봄맞이	연합뉴스
	03.07.	"보리 밟으며 새봄 맞아요"	세계일보
	05.10.	문화부, 문화생태 탐방로 10곳 추가 선정	연합뉴스
	05.12.	해남 땅끝길·대관령 너머길·백의종군로.. '이야기가 있는 문화생태탐방로' 10곳 추가 선정	국민일보
	05.13.	이야기가 있는 문화생태탐방로 10곳 선정	세계일보
	06.14.	서울시사편찬위, 문화유산 답사행사 운영	연합뉴스
	06.14.	역사학자와 함께 서울문화유산 나들이 떠나요	한국일보
	06.24.	<서울소식> 역사박물관 여름방학 프로그램 운영	연합뉴스
	07.13.	역사박물관에서 여름방학을..	세계일보
	09.10.	[시론] 2000년전 왕성유적을 저주하게 만드는 나라/이형구 동양고고학연구소장·전 선문대 대학원장	서울신문
	09.16.	〈스포츠칸〉서울시 선정 '걷기 좋은 길' 110곳	경향신문
	12.08.	자연·역사 숨쉬는 '서울 생태문화길' 걸어볼까 '우수코스 30선' 선정..공원·숲·문화유산 어우러져	문화일보
2011	01.07.	[기고] '롯데백제월드'를 위하여/임영진 전남대 교수·전 호남고고학회 회장	서울신문
	01.10.	"몽촌토성은 석회로 쌓은 성곽"	연합뉴스
	01.10.	"한성백제의 몽촌토성은 고대 시멘트인 강회로 쌓은 것"	한국일보
	04.01.	서울시 주말 몽촌토성 답사프로그램 운영	연합뉴스
	05.10.	문화유산 파이오니어-민족 정체성 찾기 50년 ① 정재훈 전 문화재관리국장	중앙일보

연도	날짜	기사제목	언론사
2011	05.26.	[수도권/뉴스 파일]몽촌역사관 '꿈마을 문화마당..' 공연	동아일보
	07.05.	[브리핑] '백제 몽촌토성' 무료 체험학습	한국일보
	07.14.	체육공단, 올림픽공원 투어 프로그램 운영	연합뉴스
	07.15.	'올림픽공원 9경' 체험 프로그램 운영	동아일보
	07.19.	[브리핑] 몽촌역사관 '무료 어린이 영화제'	중앙일보
	08.04.	국가지정문화재 30곳 폭우 피해	연합뉴스
	08.04.	국가지정문화재 30곳 폭우 피해	국민일보
	08.05.	국가문화재 30곳 '水難'.. 경복궁 담장 붕괴·몽촌토성 일부 유실	서울신문
	08.05.	이화장 등 국가지정문화재 30곳 폭우 피해	세계일보
	09.02.	<서울소식> 몽촌토성 답사 프로그램 운영	연합뉴스
	09.09.	<서울소식> 몽촌역사관서 어린이 역사교실	연합뉴스
	09.30.	백제의 수도가 서울? "고대 백제로 역사체험 떠나요"	조선일보
	10.19.	몽촌역사관 어린이와 함께 '신라예술 탐험'	연합뉴스
	11.28.	[기고] 백제 역사복원의 초심 잊지 말라/이종철 한성백제박물관 건립추진단장	서울신문
2012	01.13.	한강 거닐며 역사여행 떠나볼까	서울신문
	01.15.	영욕의 한국 문화유산 역사 집대성.. '문화재청 50년사' 발간	국민일보
	02.27.	백제 건국 2030주년, 한성 고대사 부활을 이종철 서울시 한성백제박물관건립추진단장	경향신문
	04.04.	몽촌토성 궁금하면 오세요 송파구 몽촌어린이역사교실 19일부터 유물 등 현장학습	서울신문
	04.05.	"잠실관광특구 지정 관광객만 250만명 글로벌 문화도시로"	서울신문
	04.23.	"백제의 숨결 느껴보세요"..한성백제박물관 개관	연합뉴스
	04.23.	"백제 도읍, 서울 2000년 역사 부활" 한성백제박물관 30일 개관	경향신문
	04.23.	'한성백제박물관' 4월 30일 개관.. 방이동 올림픽공원내	국민일보
	04.24.	[수도권]'백제의 수도' 서울 모습 그대로 한성백제박물관 30일 개관귀걸이-팔찌 등 국보도 전시	동아일보
	04.24.	500년 한성백제 유물 4만점 만나자 서울 송파구 한성백제박물관 8년 넘는 준비 끝에 30일 개관	서울신문
	04.24.	600년 古都 서울역사 '한눈에' 한성백제박물관 30일 문열어	세계일보
	04.24.	[서울] 한성백제박물관 8년 만에 문연다	조선일보
	04.24.	500년 '한성백제'의 숨결 느껴보세요	한겨레
	04.24.	한성 백제박물관, 올림픽공원에 30일 개관	한국일보
	04.27.	서울의 잃어버린 백제 역사 찾아서..'한성백제박물관'	조선일보
	04.30.	'유물은 풍납토성, 박물관은 몽촌토성?'	연합뉴스
	04.30.	풍납토성 주민대책위원회 이야기 듣는 박원순	연합뉴스
	05.11.	<걷기 좋은 길>바깥 길로 한 바퀴, 안쪽 코스로 또 한바퀴 몽촌토성 다 밟았네 (10) 올림픽공원	문화일보
	05.23.	'올림픽 공원 100배 즐기기' 스마트폰 앱 출시	연합뉴스
	05.23.	올림픽공원 100배 즐기기 스마트폰 앱 출시	경향신문
	06.29.	<서울소식> 몽촌역사관서 여름방학 체험교실	연합뉴스
	07.04.	올림픽공원 호수 위에, 스퀘어빌딩 외벽에 .. 백남준은 살아 있다 탄생 80주년 대규모 기획전	중앙일보
	07.25.	몽촌역사관, 박물관 등 8곳 나들이 프로그램	연합뉴스
	08.02.	송파, 여름방학 특별기획전 줄줄이 현대미술·회화·역사 전시 등 다채	서울신문
	08.06.	올림픽의 또다른 선물 '고대유적 발굴' 경기장 공사중 발견 많아… 서울올림픽때는 몽촌토성 나와	동아일보
	08.28.	"백제토성 돌절구, 차 마시는 필수품이었다"	한겨레
	09.19.	송파에 '한류 원조'가 있다? 22·23일 한성백제문화제..거리행렬·군영체험 등 행사	서울신문
	09.20.	역사 체험학습 한성백제박물관	중앙일보
	09.25.	풍납토성 축조 연대놓고 논란	한겨레
	11.23.	백제 건국史 놓고 학자간 견해 엇갈려 한성백제박물관, '백제, 누가 언제 세웠나' 학술세미나	연합뉴스
	12.19.	송파구박물관나들이 "무료체험, 뻔뻔하게 참여하자"	세계일보
	12.19.	"백제왕실은 맹독성 복어로 만든 젓갈 담아 먹었다"	세계일보

연도	날짜	기사제목	언론사
2012	12.24.	백제인들, 맹독성 복어로 젓갈 담가 먹었다 '백제의 맛-음식이야기'전	동아일보
2013	02.24.	손끝으로 읽는 백제문화재..한성백제박물관 촉각도록	한겨레
	03.14.	<서울소식> 도보관광 24개 코스 안내지도 발간	연합뉴스
	03.20.	살아 있는 서울의 역사를 만나다..'한성백제 워킹투어'	조선일보
	03.21.	온조, 이렇게 해서 백제를 만들었다 한성백제박물관, 백제건국과 왕도한성 특별전	연합뉴스
	05.01.	[수도권]옛날옛적 한강에.. '서울리안나이트' 들어볼래요? 서울시 관광자원 확대 스토리명소 추진동대문 등 5곳 선정.. 이야기 만들기로	동아일보
	05.30.	풍납토성·석촌호수·가락시장..송파 3색 매력 관광특구로	서울신문
	08.29.	한성백제박물관, 가을 맞이 가족과 함께 하는 워킹투어	국민일보
	09.01.	몽촌토성 워킹 투어	연합뉴스
2013	09.11.	[수도권/스토리텔링 in 서울] 몽촌토성 휘감은 호수? 백제가 敵막던 해자!	동아일보
	09.24.	백제사 쟁점토론, 한성백제 왕궁은 어디인가	연합뉴스
	11.05.	몽촌토성, 근 30년 만에 발굴조사 재개 한성백제박물관, 백제 왕도유적 구명 일환	연합뉴스
	11.05.	몽촌토성 20여년 만에 발굴 재개 주목	경향신문
	11.25.	'용산기지·연등회' 세계문화유산 등재 추진 서울시, 한양도성 포함 등재 추진 목록 8건 확정	연합뉴스
	11.25.	용산기지, 세계문화유산 등재 추진 서울시, 한성백제유적·KBS 이산가족찾기 기록물 등 8건	경향신문
	11.25.	한성백제유적, 한국 고지도 등 7건 유네스코 세계문화유산 등재 추진	국민일보
	11.25.	용산기지 등 세계문화유산 등재 추진 서울시 "아픈 과거도 역사"..한성백제유적 등 포함 8건	문화일보
	11.25.	용산기지터 '일제 군사유적' 세계유산 등재 추진	한겨레
	11.25.	용산기지·연등회·발우공양.. 세계유산 등재 추진 서울시 모두 8건	한국일보
	11.26.	[수도권]덕수궁-용산 미군기지 등 유네스코 세계유산 등재 추진	동아일보
	12.10.	박물관이 살아있다..한성백제박물관, 증강현실과 3D로 전시 해설	세계일보
	12.15.	한성백제박물관, 몽촌토성 발굴 30주년 기념 특별전	연합뉴스
2014	01.03.	한성백제박물관, 기획특별전 '백제의 꿈, 왕도 한산' 개최	국민일보
	03.16.	가족과 함께하는 한성백제 걷기여행	연합뉴스
	03.24.	"서울이 백제 2000년 역사의 중심이었죠" '백제의 왕궁' 전시회 여는 이인숙 한성백제박물관장	문화일보
	04.11.	몽촌역사관, 문화소외계층 어린이 위한 역사·놀이체험교실 운영	국민일보
	05.02.	<서울소식> 몽촌역사관, 유치원 대상 생태체험학습	연합뉴스
	06.17.	풍납토성~몽촌토성~석촌동고분군 '500년 백제의 숨결' 3시간에 느껴볼까	조선일보
	07.29.	몽촌토성서 발견된 백제 도로흔적과 수레바퀴 자국	연합뉴스
	07.29.	몽촌토성서 수레바퀴 자국 찍힌 백제시대 도로 발견	경향신문
	07.29.	서울 방이동서 2000년전 수레바퀴 자국 발굴, 당시 왕궁은...	동아일보
	07.29.	몽촌토성서 수레 오고 간 도로흔적 600cm·800cm 길이 도로 2기 백제 왕도 규명할 실마리 발견	세계일보
	07.29.	올림픽공원서 초기 백제 수레바퀴자국 나왔다	한겨레
	07.29.	몽촌토성서 백제 도로 발굴	한국일보
	07.30.	[뉴스파일] 서울시, 몽촌토성서 백제시대 도로 흔적 발견	국민일보
	07.30.	몽촌토성서 백제 도로터·수레바퀴자국 발견 도로 길이 6·8m씩, 노변 너비 3m 안팎	서울신문
	08.05.	<게시판> 몽촌역사관, 1박2일 꿈마을 캠프 운영	연합뉴스
	09.23.	송파구 올림픽공원서 '한성백제문화제'	문화일보
	09.25.	[역사 살아 숨쉬는 우리 고장으로 시간여행 떠나요] 송파, 백제시대 생활상 체험하는 시간 새달 2~5일 한성백제문화제	서울신문
	10.01.	한성백제문화제 2~5일 올림픽공원서	한겨레
	10.02.	송파구 "주말 한성백제문화제 구경 오세요"	경향신문
	10.02.	'한성백제문화제'에도 스토리텔링 송파구 '백제의 후손' 찾기 사업 부여 서씨 등 축제때 과거로 여행	세계일보
	09.26.	한글·백제·한강.. 서울에 담긴 이야기 들어볼까요? 서울市, 외국인 대상 '서울스토리텔링 투어' 운영	국민일보
	11.06.	한성백제유적·성균관·용산기지 세계유산 등재 추진	연합뉴스
	11.06.	한성백제유적·성균관과 문묘·용산기지..서울시, 유네스코 세계유산 3건 추가 추진	한겨레
	12.09.	<게시판> '고대인의 생활은' 겨울방학 몽촌역사관 시간여행	연합뉴스

연도	날짜	기사제목	언론사
2015	03.03.	[백가쟁명:유주열] 몽촌토성에서 본 한성백제의 꿈	중앙일보
	03.06.	몽촌토성서 한성백제 유물 발굴·복원 체험교육	연합뉴스
	03.06.	"고고학 발굴 이렇게 하는구나".. 몽촌역사관 학생 모집	국민일보
	03.13.	몽촌토성 '움집터전시관', 발굴 현장 생생히 재현	연합뉴스
	03.15.	몽촌토성 '움집터 전시관' 개편	연합뉴스
	03.20.	[톡톡 한국의 문화유산] 서울 역사 끌어올린 몽촌토성	국민일보
	03.20.	몽촌역사관에서 가족과 함께 박물관 1박2일 캠프	연합뉴스
	03.30.	[경향의 눈] '잊혀진 왕국'이 내려준 희대의 선물	경향신문
	03.31.	따스한 봄…자꾸만 걷고 싶은 추천 길	중앙일보
	04.09.	남창진 서울시의원, 9호선 935정거장 역명 변경 주장 왜?	서울신문
	04.10.	초등학생 대상 몽촌토성 학습 프로그램 운영	연합뉴스
	04.17.	<느낌이 있는'新 풍물기행'>三國 전쟁의 함성 사라진 곳… 낡은 土城엔 벚꽃잎만 '花르르' (38) 최명란 시인이 본 서울 몽촌토성 일대	문화일보
	05.04.	백제역사유적지구 어떤 가치 인정받았나 "교류의 증거" "독보적 문명 증거" 인정 서울지역 백제유산은 세계유산 등재구역 '확장' 추진	연합뉴스
	05.05.	<연합시론> 세계유산 12번째 등재 앞두고 아쉬움이 남는 이유	연합뉴스
	07.04.	세계유산 제외 한성백제의 운명은? '확장'으로 등재 추진할 듯	연합뉴스
	07.05.	백제 대표 유적지 8곳 세계유산 됐다	세계일보
	07.06.	"흩어진 유적 연계해야 백제王都 완전 복원"	문화일보
	07.06.	[백제역사유적지 세계유산 등재] 고대 한·중·일 잇는 독특한 숨결 인정… 700년 王都 깨어난다 유네스코 평가와 의미	서울신문
	07.08.	서울시 "한성백제유적 세계유산 확장등재 추진"	연합뉴스
	07.09.	풍납토성, 백제 왕성이냐 아니냐 심포지엄 열려	경향신문
	07.10.	[단독]1600년전 백제인, 폭 20m 포장도로 깔았다 몽촌토성서 왕복 2차로 발굴	동아일보
	07.10.	[내 생각은/이형구] 온전한 백제, 세계에 알리자	동아일보
	07.22.	[뉴스파일] 한성백제왕도길 탐방로 인기	국민일보
	08.18.	한성백제박물관, 하반기 몽촌토성 투어프로그램 운영	연합뉴스
	08.27.	몽촌역사관, 백제 유물 발굴·복원 체험교육 운영	연합뉴스
	08.30.	백제역사유적 사진 전시회 한성백제박물관에서 연말까지 열려	국민일보
	10.05.	'2천년 시간여행' 제15회 한성백제문화제 8일 개막	연합뉴스
	10.05.	'한성백제문화제' '탈축제' 등 서울 곳곳 가을축제 풍성	경향신문
	10.05.	2000년전 한성백제로 시간여행~ 송파구 8~11일 한성백제문화제	세계일보
	10.05.	"올림픽공원으로 한성백제 여행 떠나볼까" 서울 송파구, 15회 한성백제문화제 개최	중앙일보
	10.06.	계절의 왕 10월.. 서울은 축제 중	국민일보
	10.06.	송파로 '백제향기' 맡으러 오세요 8일부터 4일간 한성 문화제	문화일보
	10.06.	[오려 두세요, 우리 동네 '키워드' 축제] 송파 '역사' 8일부터 나흘간 한성백제문화제.. 선조들 삶 재현	서울신문
	10.07.	[수도권]주말 2000년전 백제마을로 시간여행 8~11일 송파서 한성백제문화제.. 생활 체험에 15가지 재현 음식 즐겨	동아일보
	12.25.	"2m짜리 대형 그림책 안에 서울 시내 관광 명소 다 있다"	중앙일보
2016	01.04.	한성백제문화제, 3년 연속 국가 문화관광축제 선정	연합뉴스
	01.04.	송파구 한성백제문화제 3년 연속 문화관광축제 선정	세계일보
	01.14.	한성백제 포함 2천년 '서울通史' 연내 완간	연합뉴스
	02.16.	서울 백제유적, 충남·전북과 '확장 등재' 추진	경향신문
	03.02.	석달간 맞춘 토기 조각.. 몽촌토성의 비밀을 밝히다 [한국의 인디아나존스들]<3회> 몽촌토성 발굴 박순발 교수	동아일보
	03.07.	[씨줄날줄] 한성백제역(驛)/서동철 논설위원	서울신문
	03.28.	"한성백제 유적, 2020년 세계유산 등재 목표"	경향신문
	04.10.	서울시, '한성백제왕도 세계유산등재추진위원회' 출범	연합뉴스
	05.13.	"한성백제 역사문화 공부해요" 서울시민연대 시민강좌 개설	연합뉴스
	05.25.	다문화가정과 함께 'Walk Together'	연합뉴스
	05.28.	[카드뉴스] "어차피 별로 쓸모없는 땅이니" '올림픽공원, 30년' 뒷얘기	중앙일보

연도	날짜	기사제목	언론사
2016	06.08.	한성백제왕도길서 역사 숨결을.. 송파구, 도보관광 팸투어 행사	서울신문
	06.10.	[서울 핫 플레이스] 왕도길 따라 걷다보면.. '2000년 古都' 백제와 마주한다 송파구 한성백제왕도길	서울신문
	08.08.	역사를 느끼는 도보여행.. '한성 백제 왕도길' 조성 풍납토성서 석촌 고분군까지 매년 가을에 '걷기 행사' 개최	문화일보
	09.05.	'문화재 보호에 인명은 뒷전'..아동 숨진 올림픽공원 CCTV 부실(종합) "몽촌토성 보호·예산 부족으로 CCTV 설치 요구 거부됐다"	연합뉴스
	09.29.	백제 정취에 흠뻑..서울 송파구, 2016 한성백제문화제	연합뉴스
	09.29.	한성백제문화제 내달 6일 개막.. 초기 백제 역사문화 재현	국민일보
	09.29.	'2000년 前 백제의 얼' 송파에서 되살아난다 한성백제문화제 새달 6일 개막..다양한 퍼레이드·체험행사 진행	서울신문
	09.29.	송파구 '한성백제문화제' 10월 6일 팡파르	세계일보
	09.30.	이웃을 만나자, 동네에서 놀자..자치구 대표 축제 7선	한겨레
	10.03.	"우리 동네 가을잔치로 오세요."	한국일보
	10.05.	역사체험·탈춤.. 서울 가을축제로 '들썩'	문화일보
	10.06.	이번주말 서울은 잔치판	중앙일보
	11.01.	'2천년 역사도시' 서울을 역사교과서로..7천억원 투입	연합뉴스
	11.01.	"2000년 역사도시 서울 보존하자" 시 '5년 계획' 수립..7404억 투입	경향신문
	11.01.	'2000년 古都' 서울, 역사교육 현장으로	국민일보
	11.01.	서울을 2000년 역사 도시로	중앙일보
	11.01.	서울시, 역사도시 만들기 5개년 기본계획 수립	한국일보
	11.02.	서울의 2000년 역사 발굴해 보존	동아일보
	11.02.	'2000년 역사도시 서울' 가치 높인다 시, 기본계획 발표	세계일보
	11.11.	'몽촌토성'·'근초고왕과 석촌동고분군' 학술총서 발간	연합뉴스
	11.14.	한성백제 비밀 풀리나...몽촌토성서 폭 13m 도로 유적(종합)	연합뉴스
	11.14.	백제 초기 도읍지 몽촌토성서 토기 조각·포장도로 등 발견	경향신문
	11.14.	몽촌토성서 2차선 이상 도로 첫 발굴	국민일보
	11.14.	몽촌토성서 삼국시대 '대형 포장도로' 발견	문화일보
	11.14.	백제 위례성 추정 몽촌토성에서 고구려 도로 유적 확인	세계일보
	11.14.	삼국시대 도로를 한눈에…몽촌토성 북문지 일원 발굴현장	조선일보
	11.14.	몽촌토성서 삼국시대 포장도로 발견	중앙일보
	11.14.	몽촌토성에서 '官'자 새긴 토기조각, 대형도로 나왔다 한성백제박물관 몽촌토성 북문터 일대 발굴성과 발표	한겨레
	11.15.	몽촌토성에서 한성백제 '왕궁 저수시설' 첫 발견	동아일보
	11.15.	'官'자 토기 조각·도로 폭 9.8m...몽촌토성은 王城?	서울신문
	11.27.	몽촌토성 백제역사의 중심으로 귀환하다 한성백제박물관 최근 올림픽공원안 토성 유적 발굴	한겨레
	12.01.	서울시의회 남창진의원 "몽촌토성 소유자는 市, 서울시가 관리 맡아야"	서울신문
2017	01.17.	서울 역사 한눈에.. '서울2천년사' 완간 고대부터 현대까지 40권에 담아.. 전문가 304명 집필, 원고 6만매	국민일보
	01.19.	바람을 들여 꿈을 빚던 마을로 간다 백제역사유적지구 세계유산 등재 1주년…서울 속 백제 흔적 풍납토성과 몽촌토성	한겨레
	01.22.	"발굴 20년 풍납토성, 2차논쟁 예상…축조시기가 고대사 실마리" 신희권 교수 "발굴 20년 맞은 풍납토성은 백제사 비밀 품은 공간"	연합뉴스
	03.19.	한성백제 유적 자료집·석촌동고분군 학술총서 발간 한성백제박물관 "세계문화유산 등재위한 학술기반 조성"	연합뉴스
	04.12.	해설사와 걷는 한성백제길 등 송파 8개 관광코스 소개	연합뉴스
	04.12.	송파의 매력… 걸으며 느껴보세요 역사·문화·생태 3개 주제로 區, 도보관광 코스 8곳 선봬	문화일보
	04.13.	송파구, 스토리 있는 도보여행 8코스 새단장 한성백제왕도길 등 재정비	서울신문
	04.19.	[풍납토성 발굴20년] 2천년 역사도시 서울 기원	연합뉴스
	04.19.	[풍납토성 발굴20년] 700년 백제 역사의 완성	연합뉴스
	04.20.	[풍납토성 발굴20년] "백제 푸는 열쇠..세계유산 등재요건 갖춰"	연합뉴스
	04.20.	[풍납토성 발굴20년] 생활 속에 들어온 한성백제	연합뉴스
	04.21.	[풍납토성 발굴20년] 세계유산 등재로 백제문화벨트 만든다	연합뉴스
	06.02.	"몽촌토성 탐방로 예뻐진대요~ '힐링길' 되겠네" 송파구, 12억 투입 전 구역 보수	서울신문
	08.03.	[공감!문화재] 백제인들이 열광했던 명품	세계일보

연도	날짜	기사제목	언론사
2017	09.01.	[현장 행정] 확 달라진 몽촌토성 풍경..확 높아질 한성백제 위상 새 단장한 탐방로 점검 나선 박춘희 송파구청장	서울신문
	09.11.	2000년 시간을 달려서.. 백제 한성의 왕 납시오~ 송파 21·24일 한성백제문화제	서울신문
	09.18.	'한성백제'시대 문화 재현한다 21~24일 올림픽공원 일대	국민일보
	09.21.	서울의 가을은 동네축제로 물든다	한겨레
	09.22.	한성백제 옛 도읍 송파, 혼불로 깨어나다 제17회 문화제 채화식 열려..2km 혼불 행진·진혼무 등 화려	서울신문
	09.29.	[찰칵!] 몽촌토성과 롯데월드타워.. 1800년의 시간	조선일보
	10.19.	[2017 서울미래유산 그랜드투어] 평화의 문 '열주탈' 표정에 미소 짓고 공원내 사유지 '김구 묘역'에 놀라고 나의 서울미래유산답사기	서울신문
	12.06.	[정재정의 독사만필(讀史漫筆)] 백제왕성과 서울	한국일보
	12.26.	풍납토성·몽촌토성..서울 유적 발굴史를 '한눈에' 서울역사편찬원, '서울의 발굴현장' 발간	연합뉴스
2018	03.09.	[게시판] 역사학자와 함께하는 한강 답사 참가자 모집	연합뉴스
	04.18.	서울 송파구 풍납·몽촌토성 등서 '2018 생생문화재'	연합뉴스
	07.12.	풍납토성 알린 이형구 교수, 발견 20주년 연구서 출간	연합뉴스
	07.26.	"아파트 공사장, 금맥처럼 박힌 토기들.. 백제 王城이었다"	조선일보
	07.27.	88서울올림픽은 서울을 어떻게 바꿨나..서울역사박물관 특별전 28일부터 10월14일까지 '88 올림픽과 서울'전	연합뉴스
	07.27.	"올 여름, 박물관에서 문화바캉스 해요"송파구, 내달 26일까지 '박물관 나들이' 운영	서울신문
2018	09.20.	[2018 서울미래유산 그랜드 투어] 30년 전 서울올림픽 열렸던 그곳.. 2000년 전 한성백제의 고향 <19> 송파-백제의 꿈	서울신문
	10.04.	'2018 한성백제문화제' 12~14일 올림픽공원일대서 열려 1천명 참여하는 '역사문화거리행렬'·몽촌해자에 황포돛배 설치	연합뉴스
	10.05.	되살아난 한성백제거리 걸어볼까 송파구 12일부터 문화제 개최	세계일보
	10.11.	[가을은 축제의 계절] 2000년 전 한성백제 거리 거닐까 송파, 12~14일 한성백제문화제 개최	서울신문
	10.12.	송파구, 한성백제문화제 개막.."2000년전 서울 숨결 그대로"	문화일보
	11.14.	몽촌토성서 회전교차로·포장도로·대형 집수지 발견 한성백제박물관 '몽촌토성 북문지 일원 발굴조사 학술자문회의'	연합뉴스
	11.14.	백제 몽촌토성에 회전교차로·포장도로 있었다 서울시 한성백제박물관, 북문지 발굴조사 중간결과 발표	세계일보
	11.15.	몽촌토성서 포장도로·대형 집수지 새로 발견	서울신문
	11.15.	[인터뷰 플러스] "백제, 우리 민족의 자부심과 긍지 돼야" 오덕만 (사)문화살림 대표	서울신문
	11.15.	낙엽을 밟으며 백제의 옛 왕도길을 걷다	한겨레
2019	02.22.	송파구 한성백제문화제, 대한민국 축제콘텐츠 대상 수상	서울신문
	03.09.	일본 군마현에서 나온 비늘갑옷은 백제식이었다 (토요판) 권오영의 21세기 고대사 ⑨일본판 폼페이와 한반도	한겨레
	03.12.	강 따라 21.2km.. 송파 수변올레길 생긴다 한강·성내천·장지천·탄천 잇는 코스	서울신문
	03.12.	송파수변올레길 21.2km 조성한다 성내천~장지천~탄천~한강 / 구, 4개코스 2020년 준공 예정	세계일보
	03.29.	주말마다 서울 몽촌토성·풍납토성 '워킹투어'	연합뉴스
	05.06.	서울 '3색 봄꽃길' 나들이…덕수궁·몽촌토성·서울로야행	연합뉴스
	05.06.	꽃길 걸으며 봄 만끽..서울시, 3색 도보관광 코스 소개	경향신문
	08.19.	지하철 타고 서울 관광.. 더 풍성해진 '스탬프 투어'	문화일보
	08.29.	[윤기자의 콕 찍어주는 그곳] 서울, 옛 백제땅에 세워진 – 한성백제박물관	서울신문
	09.24.	송파구 한성백제문화제 27일 개막..'2천년 고도 서울을 열다'	연합뉴스
	09.24.	서울 송파구, 2천년 전 백제 시대로..한성백제문화제 27일 개막	경향신문
	09.24.	2000년 전 백제 시대로 시간여행을 안내한다 송파구, 27~29일 올림픽공원에서 한성백제문화제	국민일보
	09.25.	"2000년 고도 서울 송파에 백제문화 체험 시간여행 오세요" 송파구, 한성백제문화제 27~29일 올림픽공원 일대서 개최	서울신문
	09.27.	2000년전 한성백제 '시간여행' 올림픽공원에 서당·주막 재현	문화일보
	10.25.	<조은의 도시산책>흙기운 받으며 백제의 왕도를 걷다	문화일보
2020	01.03.	"백제왕성·석굴암 VR.. 디지털 문화재 한류 이끌 것" 문화재 디지털 복원가 박진호씨, 앙코르와트 등 '해외 유산'도 재현 "눈으로 볼 수 없었던 과거 역사… 이제 타임머신 탄 것 같을 거예요"	조선일보
	01.17.	송파 박물관으로 떠나는 겨울방학 문화 여행	서울신문
	12.12.	2000년 전 백제한성기 도읍지 '풍납토성'을 걷는다 송파구, '풍납토성 탐방길' 조성..송파둘레길과도 연계해 관광명소로	국민일보
2021	01.07.	송파 박물관으로 떠나는 겨울방학 문화 여행	서울신문
	01.14.	송파구풍납동 일대 "백제 문화 느낀다"..역사문화 특화거리 조성 [서울25]	경향신문

연도	날짜	기사제목	언론사
2021	01.14.	**송파구, 풍납동 일대 '역사문화 특화거리' 조성** 2천년 전 백제문화 숨결 느낄 수 있게 보도블럭 등에 칠지도, 수막새 다지인 입혀	국민일보
	01.18.	**백제 숨결 품는다.. 송파 역사거리 조성** 풍납토성서 출토된 수막새 문양 활용 보도블록·맨홀 뚜껑 등에 디자인 입혀	서울신문
	01.25.	한성백제박물관, '흡자' 새겨진 몽촌토성 토기 첫 공개	연합뉴스
	01.26.	백제 왕국의 상징.. 몽촌토성 '흡자 토기' 첫 공개	서울신문
	03.02.	**1700년 전 서울 주민은 어떻게 살았을까** [노형석의 시사문화재]한성백제박물관 '왕성과 왕릉'전	한겨레
	03.15.	한성백제박물관, 주말 온·오프라인 체험 프로그램 운영	연합뉴스
	03.16.	**"집에서 2000년 백제역사 체험하세요"** 한성백제박물관, 주말 프로그램초등생 있는 가족 원격-현장 병행	동아일보
	04.05.	**자연하천 낀 송파둘레길 벚꽃8경, 무릉도원 부럽지 않네** 송파구, 11일까지 '벚꽃 전시' '벚꽃 소원나무 만들기' 등 소규모 행사·전시 개최	국민일보
	04.21.	**[여기 어때] 2천년 고도 여행..한성백제를 찾아서** 백제 500년 도읍의 유산..풍납·몽촌토성, 송파 고분군	연합뉴스
	05.19.	**서울 역사를 1400년 늘렸다, 공사판서 찾은 뜻밖의 두 유산** 서울 걷기 여행③ 몽촌토성	중앙일보
	09.20.	몽촌역사관, 11월까지 휴관...전시실 개선 공사	연합뉴스
	10.05.	송파구, 백제역사문화권 도시들과 '대백제전' 펼친다 10월 20일까지 2000년 전 백제문화 온·오프 체험…8일 개막식 주제공연 '개천 벽제' 눈길	국민일보
	10.07.	"2000년전 백제문화 체험".. 송파구, 내일부터 한성백제문화제	문화일보
	12.08.	외국인이 꼽은 서울시 미래 정책 1위는 '서울 백제역사유적지구'	세계일보
	12.15.	서울 12월의 문화재에 풍납동 토성·석촌동 고분군 등	연합뉴스
	12.22.	이익주·서경덕 교수, 서울 2000년 역사와 관광 유튜브 토크쇼	세계일보
2022	01.18.	백제 몽촌토성서 고구려 목간 첫 출토..."가장 오래된 목간"	연합뉴스
	01.18.	국내 최고 추정 '목간' 몽촌토성서 출토	경향신문
	01.18.	몽촌토성서 고구려 목간 첫 출토..."국내에서 가장 오래된 듯"	국민일보
	01.18.	백제 몽촌토성에서 고구려 목가니 왜?..."현존 최고 목간"	중앙일보
	01.18.	1500년 잠 깬 13글자...한반도 '가장 오래된 문서' 출토	한겨레
	01.19.	백제 몽촌토성서 고구려 목간 출토..."가장 오래된 목간"	중앙일보
	01.19.	서울 몽촌토성 일대서 가장 오래된 목간 발견	동아일보
	01.19.	몽촌토성서 고구려 제작 추정 목간 첫 발견	국민일보
	01.19.	백제 몽촌토성서 고구려 목간 출토.. 국내 최고 가능성	서울신문
	01.19.	백제 몽촌토성서 고구려 목간 출토.. 현존 최고(最古)	세계일보
	01.20.	[설왕설래] 고구려 목간	세계일보
	02.22.	[이기환의 흔적의 역사] 1500년전 몽촌토성 '로터리' 연못...'고구려 남침'의 블랙박스 열리나	경향신문
	03.02.	[게시판] 몽촌역사관 개관 30주년 기념 사진·글 공모전	연합뉴스
	03.03.	**"몽촌토성서 옻 담긴 백제 접시 확인...칠기공방 있었을 듯"** 한성백제박물관 '몽촌토성 Ⅳ' 보고서 발간	연합뉴스
	03.03.	백제 몽촌토성서 옻 담긴 그릇 출토..."칠기 공방 추정되는 첫 유물"	경향신문
	04.14.	송파구 풍납지하보도, 역사전시실로 탈바꿈한다	연합뉴스
	04.15.	몽촌역사관, 몽촌토성 유적정보 증강현실 기술로 제공	연합뉴스
	04.15.	증강현실(AR)로 한성백제 시대 '몽촌토성' 유적지 둘러본다	경향신문
	04.15.	유적정보 증강현실...'모두의 몽촌토성' 30일 출시	서울신문
	04.29.	[게시판] 몽촌토성 체험형 증강현실 앱 공개	연합뉴스
	05.22.	"자연제방에 축성했다는 거짓말을 또…한성백제 능멸은 못 참아"…'풍납토성 교수' 이형구의 분노	경향신문
	06.09.	[게시판] 몽촌역사관-송파구육아센터, 유아 역사체험 교육	연합뉴스
	07.07.	**몽촌토성서 삼국시대 목제쟁기 나왔다..."농업기술사연구 전환점"** 올해 4월 발굴조사서 나와..완전한 쟁기 형태 갖춰	연합뉴스
	07.07.	몽촌토성서 1500년 전 고구려제 나무 쟁기 출토	경향신문
	07.07.	몽촌토성 '삼국시대 목제 쟁기' 출토...국내 처음	국민일보
	07.07.	1500년전 모습 그대로...'고구려 목제 쟁기' 몽촌토성서 나왔다	조선일보
	07.07.	나무쟁기가 1500년 동안 안 썩고 버텼다, 그것도 물 속에서	한겨레
	07.08.	몽촌토성서 삼국시대 목제 쟁기 첫 출토	세계일보
	07.29.	송파구 "가족과 함께 박물관으로 나들이 오세요"	서울신문

연도	날짜	기사제목	언론사
2022	07.29.	송파구, 여름방학 맞이 8개 박물관 나들이 프로그램 진행	한겨레
	08.01.	한성박물관·풍납토성.. 송파에서 즐기는 백제의 향기 '생생문화재 비지트인 한성백제' 주민 120명 참석해 유적지 탐방 서강석 구청장, 장애인과 체험도	서울신문
	09.23.	'서울의 가을' 각양각색 축제로 물든다	세계일보
	09.25.	몽촌역사관, 디지털 기술 결합된 '역사문화 놀이터'로 변신	문화일보
	10.24.	[게시판] 한성백제박물관, 개관 10주년 기념 특별전	연합뉴스
	11.01.	백제 왕성에 고구려군 토기… 한강의 삼국 격전 유적[이한상의 비밀의 열쇠]	동아일보
	11.07.	[게시판] 몽촌역사관 30주년 특별전 '다시 몽촌을 꿈꾸다'	연합뉴스
	11.08.	30돌 몽촌역사관서 백제 변천사 한눈에	동아일보
	11.15.	아파트 재건축 현장에서 근초고왕의 한성백제 도시 흔적이 켜켜이 드러났다	경향신문

6. 백제 건국 2040주년-몽촌역사관 개관 30주년 기념 공동기획 특별전시 현황(2022)

전시 사진

입구 아트월

프롤로그

1부

2부

2부

2부

3부

에필로그 / 포토존

홍보물

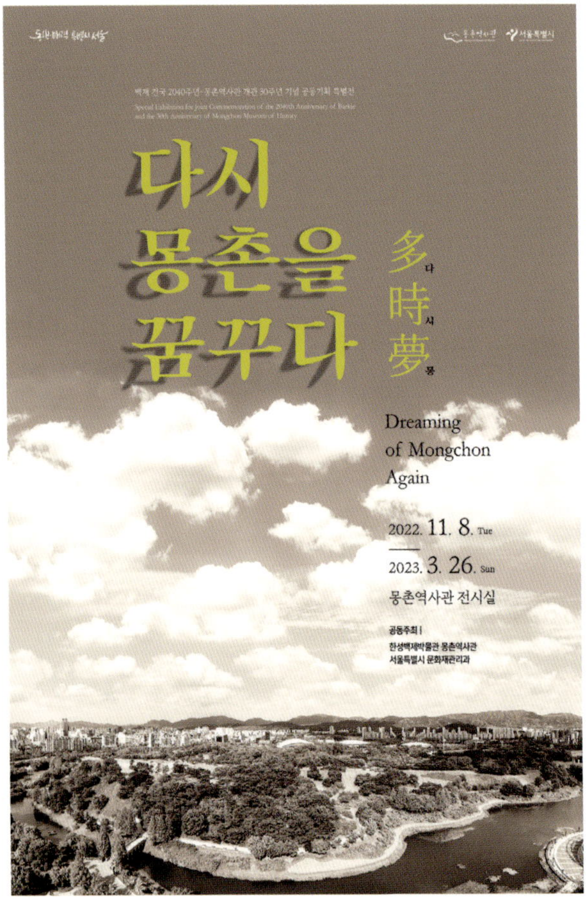

포스터

가로등 배너

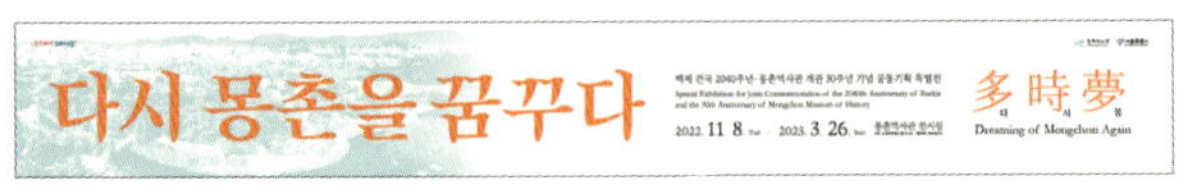

현수막

리플릿

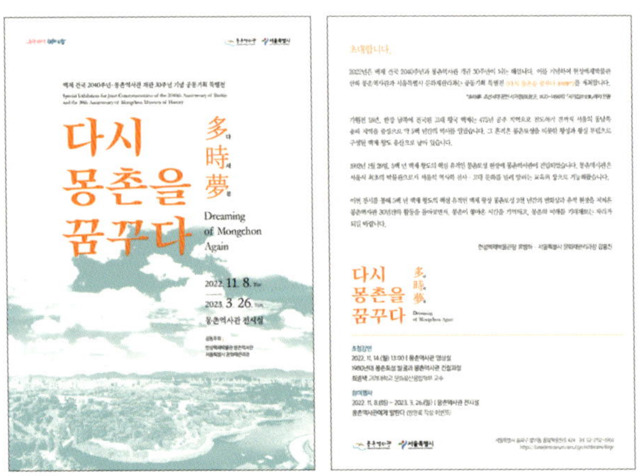

초청장

초청강연

일시/장소 : 2022. 11. 14.(월) 13:00~15:00 / 몽촌역사관 영상실

주　　제 : 1980년대 몽촌토성 발굴과 몽촌역사관 건립과정

강 연 자 : 최종택(고려대학교 문화유산융합학부 교수)

참여행사

기간/장소 : 2022. 11. 8.(화)~2023. 4. 30.(일) / 몽촌역사관 전시실

주　　제 : 몽촌역사관에게 말한다(방명록 작성 이벤트)

7. 몽촌역사관 사진·스토리텔링 공모전 수상작 전시 현황(2022)

2022년 백제 건국 2040주년 및 몽촌역사관 개관 30주년이 되는 뜻깊은 해를 맞아 몽촌역사관에서는 지난 3월, 전 국민을 대상으로 몽촌토성, 몽촌역사관, 백제 유물 관련 추억의 사진과 글을 공개 모집하는 공모전을 개최하였다. 몽촌토성에 대한 시민의 높은 관심으로 총 232점의 작품이 접수되어 최종 18점이 수상작으로 선정되었다.《다시 몽촌을 꿈꾸다多時夢》 특별전을 통해 공모전 수상작을 한자리에 모아 시민과 함께 만들고 공유하는 백제로의 추억여행 전시를 진행하였다.

포스터

사진 수상작

최우수상 | 〈4월 초파일 가족 모임〉 신정수

우수상 | 〈백제집자리전시관〉 김용수

우수상 | 〈휴식〉 신승희

장려상 | 〈봄이 오는 소리〉 강경희

장려상 | 〈몽촌의 느낌〉 노예찬

장려상 | 〈백제 장군을 그려 보자〉 박영길

장려상 | 〈한성백제박물관 건립 서명운동〉 송하순

장려상 | 〈백제 왕성을 음미하다〉 이은순

장려상 | 〈사계절〉 차선자

스토리텔링 수상작

대상
〈몽촌토성, 이천년의 서울〉
이운원

하얀 조팝나무 더욱 돋보이는 어스름한 새벽, 2.34㎞의 몽촌토성 길에 오릅니다.

이곳은 백제의 옛 서울, 앞으로 직진하면 동문터가 나오지만, 우향우 오르막길을 올라갑니다.

상수리나무 세 그루 지나고, 다음은 산대나무 군락, 이 자리가 이쪽에서는 가장 높으니 토단을 쌓고 경계병 지키던 망루 자리 분명합니다. 높은 건물 여럿 있어도 시야는 툭 터졌습니다. 남망옥택南望沃澤, 글자 그대로 한강 건너편 남쪽으로 비옥한 땅이 저렇게 넓게 펴져 있으니 삼각산에 올라 도읍터를 물색하던 온조의 신하들 눈에 들지 않을 수 없었겠습니다.

수량이 풍부한 한강과 넓은 들, 농업국가로서의 백제를 가늠할 수 있는 주요 지표가 됩니다.

아랫길을 내려가서 성안을 드나드는 통행로를 지나 다시 오르막길을 걸으니 〈백제집자리전시관〉이 나옵니다. 몽촌토성 안에서 발굴된 12개의 구덩식 집자리 중 4개의 집자리가 서로 이웃하며 이 낮은 언덕배기에 자리 잡고 있습니다. 직사각형 한 집도 있지만, 나머지는 기둥을 세운 육각형 형태에다 한쪽 벽에 진흙을 바른 부뚜막, 거실과 주방이 떨어져 있는 현대식 화덕을 집 가운데 놓고 이전 시대의 원형이나 네모난 움집보다 향상된 집이 분명합니다.

최우수상
〈몽촌토성의 봄〉
민은숙

곰말다리 건너면 비탈진 길 굽은 소나무
세월을 어루만지며 토성을 지키고 있다
움트는 계절의 소리
나무 위로 푸르다

남한산에서 뻗어 내려와 성내천이 감싸는
백제의 고도 서울, 옛 자취 드러나며
뼈 갑옷 허리 두르고
호령하던 한성의 땅

언덕 오르니 사람과 하나 된 벚꽃나무
만개한 벚꽃 사이 터지는 함성으로
몽촌夢村의 꿈이 살아나
서울의 봄이 깊다

우수상
〈달맞이 언덕 망월봉으로 과거科擧 보러 가는 길〉
방윤희

어디선가 함성소리가 들렸다. 뒤따라온 선비들이 저마다의 구릉 앞에 서서 해오름의 기쁨을 만끽하고 있었다. 하인을 대동하기도 했고, 짐을 잔뜩 실은 황소의 모습도 보였다. 여물 대신 좀 전 다람쥐가 찾지 못한 도토리를 우물거리는 황소의 모습이 우스꽝스러웠다. 모두 과거를 보러 가는 선비와 일행들이었다. 이곳 몽촌토성 망월봉을 거쳐서 가는 길이다. 과거라는 목표, 무엇이 이들을 몽촌토성에 오르게 했을까? 각자 출발점은 달라도 같은 마음으로 해맞이를 하는 그들에게서 나는 희망을 읽는다.

"난 삼십 년간 공부를 했소. 그쪽은 결의에 찬 표정이 이번 과거에 합격할 운이로소이다!"

"그쪽도 기운이 만만치 않소이다. 나는 가보인 이 동전무늬도기조각을 대들보 삼아 달 기운을 살짝 빌려 일을 저질러보고자 하오. 그러니 우리 모두 합격의 기쁨을 누립시다!"

장려상
〈꿈 마을에서의 휴식〉
고효숙

곰말 다리 건너 언덕을 오르면
이천 년 흙 속에 묻힌 백제를 만나네

꿈말 토성 길을 호젓이 걸으면
우뚝이 선 나 홀로 나무가 반기었고

꿈 마을 토성 길 한풀씩 내리면
백제를 다시 꽃 피우는 몽촌역사관!

그 안에서 만나는 백제의 위상
살며시 두 눈 감고서 백제를 그리다.

자연으로 돌아온 곰말 토성에서
민초들의 삶, 선현의 숨결을 느끼네

눈길 닿는 꿈말 토성 곳곳에는
자랑스러움 드러나는 백제의 귀환!

꿈 마을에서의 휴식 같은 만남
몽촌에서 찾은 행복한 휴식이어라

장려상
〈꿈꾸는 토성土城〉
김완수

육봉 같은 구릉에 오르면
내가 다져야 할 흙이 보인다
한강을 흠모하려 까치발 한 땅
그 시름처럼 구부러진 길에 서니
이어야 할 시간이 있고
쌓아 올려야 할 흙이 있다
나는 내 영토의 성城만 지켜 왔으므로
내 성 밖의 성을 찾는다

해자와 목책이 지켜 온 육봉
푸른빛으로 두른 품에는
알처럼 꿈꿨을 마을이 얼비친다
사람들이 움을 파 산 것도
흙의 숨기운을 빌려 해서이리라

해자와 목책의 증언
해자는 마을 같은 기척으로 증언을 담고
목책들은 서로 어깨 겯며 소리를 키운다
나도 하나의 목책이 된다
성이 함께 차곡차곡 쌓은 꿈이라면
몽촌토성은 흙벽이 아닌 흙탑
시간의 흙 한 줌을 쥐자
강바람이 증언을 소리 내 읽는다

토성土城은 내 외성
성은 물가에서 땀을 씻는데
나는 얼마나 오랫동안 쉬어 왔던가
걸음걸음의 판축으로 흙을 쌓아 올린다

꿈꾸는 토성
설령 내가 막다른 시간에 이르더라도
흙은 들깨우지 말아야지
육봉이 새들을 검문할 때
내 의심의 터에 본성本城이 자란다

장려상
〈세발토기의 추억〉
김은정

대학 시절에는 세발토기라는 이름보다 삼족기三足器라는 표현을 더 많이 썼던 것 같은데 세발토기라는 이름이 훨씬 정겹다.

그 시절 열심히 관찰한 기억 덕분일까? 박물관에서 세발토기나 유사한 백제 토기를 볼 때마다 그때의 기억이 떠올라 아련해지곤 했다. 몇 년 전 국립공주박물관 정지산 유적 특별전에서 세발토기 여러 점 보았을 때도 무척 반가워 한참 동안 들여 다 본 기억이 난다. 그리고는 바쁘게 살다 보니 한때 내가 그렇게 좋아했던 세발토기를 잊고 살았더랬다.

그러다가 팬데믹 상황 속 아이의 온라인 수업 중에 정말 우연히 보게 된 세발토기 사진 한 장이 나의 옛 추억을 소환해 낸 것이다. 정말 이지 뜻밖의 선물이 아닐 수 없다.

바로 박물관 관람 예약을 한 후, 이 토기를 다시 본, 그때의 뭉클함이란! 그 어떤 고가의 미술품이나 국보, 보물 등의 유물을 본다 해도 이보다 감격스럽지는 않을 것 같다.
그렇게 세발토기와 다시 만났다.

장려상
〈한성 백제의 숨결, 몽촌의 삶을 걷다〉
민병식

무엇인가에 눌리고 마음을 빼앗겨 허허로운 때 몽촌토성은 늘 나를 기다리고 있다가 보듬어 주며 위로하고 세상의 딱딱함에 굳어가는 마음을 살포시 어루만져준다. 여기저기 많은 곳을 다 다녀봤지만, 서울 안에서 몽촌토성 길 만큼이나 내게 쉼을 주는 곳은 흔치 않다. 코로나19로 인해 마스크로 둘러싸인 답답한 일상이 토성길 안에 드니 그동안 옥죄었던 긴장의 끈이 풀어지면서 그동안 나를 괴롭혀왔던 마음의 체증이 사라진다. 그렇다. 토성길은 치유의 장소인 것이다. 천천히 흙을 밟으며 걷고 나무와 숲의 향을 맡으며 하늘을 배경으로 토성과 하나 되는 시간, 백제의 몽촌은 내게 잠시나마 삶의 짐을 내려놓고 쉼을 주는 '케렌시아(Querencia)'다.

장려상
〈돌돌, 달달〉
서예원

거친 표면은 태어났을 때만 그랬어요
나는
도자기마냥 매끄럽고
비단마냥 보드랍니다

외형만 보고
단순하다 생각하나요
나는 내 이름마냥
굽이굽이 굽이지게 일해왔답니다

내 입에 들어온 건 천천히 갈으려
돌돌 돌렸던 절굿공이
남의 입에 들어갈 건 곱게 갈으려
달달 갈았던 재료들

과거급제 다짐하던 선비 보니
찻잎 천천히 갈 수밖에요
어멈이 아픈 아이 대신 생사 오가니
약재 곱게 갈 수밖에요

태어나기는
가장 낮은 곳 물질로 태어났는데
완성되기는
가장 귀한 손길들로 다듬어졌지요

생김새 투박하나 나는
그 마음들로 이루어져 있답니다
얼마나 간절했으면
몇백 년 흘렀는데도 내 몸 이리 온전할까요

장려상
〈영차영차 몽촌토성〉
한경희

안녕. 넌 몇 살이야? 난 이천년하고도 마흔 살 정도 된 몽촌토성이야. 사실 내 예전 기억은 500년 남짓이고 일천 오백여 년간 잠들어 있다가 1983년부터 조금씩 깨어나기 시작했어. 생생한 기억은 최근 40년이야.

그리고 아직도 나와 내 주변의 이곳저곳에서 새로운 것들이 발견되고 있어.

2,040년 전 나와 내 주변에는 백성과 귀족이 함께 살았던 것 같아. 나에게서는 신분이 높은 사람들이 밥을 먹거나 제사를 지낼 때 사용하던 세발토기도 발굴되었고 일반적으로 사용하는 생활용품인 물이나 술을 저장하는 항아리 같은 장군도 발견되었어. 음식을 조리하는 버너같은 취사 용기인 시루도 있었어. 계란모양토기와 세트로 사용했다고 해. 예전에는 불을 때서 시루를 올려 두고 그 위에 놓은 계란모양토기에 물이나 조리할 음식을 담아 끓이거나 쪘던 것 같아. 동전무늬가 새겨진 항아리 조각인 동전무늬도기조각도 발견되었어. 값비싼 물품이었다고 하더라. 찻잎이나 약재를 빻는 돌절구도 출토되었고 왕이나 고위관리가 착용하며 멋짐을 드러내던 금동제허리띠꾸미개도 발견되었대.

그랬다고 해. 옛날 옛적에 많은 사람들이 나를 만들기 위해 어마어마한 흙과 돌을 나르다가 다치기도 하고 목숨을 잃기도 했다고 해.
그렇다고 해. 지금 이 순간에도 많은 사람들이 나를 작은 언덕처럼 오르내리며 한적한 여유를 즐기고 나날이 건강해지는 삶을 살고 있다고 해.

과거와 현재 미래 우리가 지나치는 여러 곳이 지금과 다른 모습으로 변해갈 수 있어. 공간의 의미도 변하고 사람도 계속 변화해 간단다. 지금의 힘듦도 나중에는 여유로움과 추억이 될 수도 있겠지.

8. 참고문헌

사료

『高麗史』
『四佳集』
『三國史記』
『三國遺事』
『新增東國輿地勝覽』
『正祖實錄』

고지도

『1872년지방지도』, 광주전도.
『여지도輿地圖』 책1, 경기도 광주부.
『해동지도海東地圖』 책1, 경기도 광주부.

보고서

몽촌토성발굴조사단, 1984, 『정비·복원을 위한 몽촌토성발굴조사보고서』.
몽촌토성발굴조사단, 1985, 『몽촌토성발굴조사보고』.
서울특별시·서울대학교박물관, 1987, 『몽촌토성』-동북지구발굴보고-.
서울대학교박물관, 1988, 『몽촌토성』-동남지구발굴조사보고-.
__________, 1989, 『몽촌토성』-서남지구발굴조사보고-.
서울특별시·한국고고환경연구소, 2018, 『몽촌토성 및 석촌동 고분군 일대 고지형 기초조사 보고서』.
한성백제박물관, 2016, 『몽촌토성』Ⅰ-2013·2014년 몽촌토성 북문지 내측 발굴조사 보고서-.
__________, 2016, 『몽촌토성』Ⅱ-2014년 몽촌토성 북서벽 구 목책 설치구간 발굴조사 보고서-.
__________, 2019, 『몽촌토성』Ⅲ-2015~2018년 북문지 일원 발굴조사: 통일신라시대-.
__________, 2021, 『몽촌토성』Ⅳ-2015~2018년 북문지 일원 발굴조사: 삼국시대 1-(상권-본문·도면).
__________, 2021, 『몽촌토성』Ⅳ-2015~2018년 북문지 일원 발굴조사: 삼국시대 1-(하권-사진·부록).
朝鮮總督府, 1918, 「谷井古蹟調査復命書」.
__________, 1920, 『大正六年度古蹟調査報告』.
朝鮮總督府 殖産局 山林課, 1916~1917(추정), 「京畿道古蹟臺帳」 廣州郡.

도록

서울특별시, 1991, 『몽촌역사관유물집』, 몽촌역사관 상설전시도록.
한성백제박물관, 2013. 6, 『백제의 맵시-옷과 꾸미개』, 2012 개관기념특별전.
__________, 2013. 3, 『온조, 서울 역사를 열다』, 2013 봄 특별전.
__________, 2013. 12, 『백제의 꿈, 왕도한산』. 몽촌토성 발굴 30주년 기념 특별전.
__________, 2014. 3, 『백제의 왕궁』, 2014 봄 백제문화특별전.
__________, 2014. 6, 『백제인물열전-운명을 개척한 사람들』, 2014 여름 백제문화특별전.
__________, 2020. 12, 『왕성과 왕릉』, 한성백제박물관 발굴조사 성과전.
__________, 2016, 『꿈마을 백제이야기』, 몽촌역사관 상설전시도록.
__________, 2021. 9, 『삼국의 부엌』, 2021 선사고대기획전.
__________, 2022. 10, 『왕도 한성-풍납동 토성과 몽촌토성』, 개관 10주년 기념 특별전시도록.

단행본

김기섭, 2017, 『박물관이란 무엇인가? 이론과 실제』, 주류성.
_____, 2000, 『백제와 근초고왕』, 학연문화사.
도남모개, 2006, 『몽이와 초니의 시간여행 : 몽촌역사관 길라잡이』, 문화살림.
몽촌향우회, 2008, 『몽촌의 발자취』.
박순발, 2001, 『한성백제의 탄생』, 서령문화사.
_____, 2010, 『백제의 도성』, 충남대학교출판문화원.
서울역사편찬원, 2018, 『쉽게 읽는 서울史 고대편』.
서울특별시강동교육지원청, 2014, 『우리 고장의 생활(강동구·송파구)』.
서울특별시강동송파교육지원청, 2021, 『송송 파파와 함께하는 송파탐험대』.
신은주, 2022. 『과학으로 보는 문화유산』, 초록비책공방.
이도학, 2018, 『백제 도성 연구』, 서경출판사.
이성준, 2018, 『한성백제의 성장』, 진인진.
이순자, 2021, 『일제강점기 문화재 정책과 고적조사』, 동북아역사재단.
이종구, 2016, 『백제 그리고 음악』, 주류성.
한신대학교 국사학과 창설30주년기념위원회, 2011, 『중부지역의 고고문화와 역사』, 한신대학교 출판부.

논문

김병미, 2008, 「백제옷의 직물과 문양」, 『백제문화』38, 공주대학교 백제문화연구소.
권오영, 2012, 「백제 한성기의 도성과 지방도시」, 『고고학』11-3, 중부고고학회.
_____, 2014, 「미리 그려보는 한성기 왕성의 모습」, 『백제의 왕궁』, 한성백제박물관.
김기섭, 1990, 「백제전기 도성에 관한 일고찰」, 『청계사학』7, 청계사학회.
_____, 1995, 「백제전기의 한성에 대한 재검토」, 『향토서울』55, 서울특별시사편찬위원회.
김낙중, 2014, 「백제의 도성」, 『삼국시대 고고학개론』1, 진인진.
노중국, 2006, 「5~6세기 고구려와 백제의 관계-고구려의 한강유역 점령과 상실을 중심으로-」, 『북방사논총』11, 동북아역사재단.
_____, 2013, 「백제 한성기 왕도와 몽촌토성」, 『백제의 꿈, 왕도한산』, 한성백제박물관.
라선정, 2015, 「백제 의복 고유양식의 성립과 변화」, 『한국고대사연구』, 한국고대사학회.
박순발, 2008, 「몽촌토성」, 『한성백제사』3, 서울특별시사편찬위원회.
박중균·이혁희, 2018, 「몽촌토성 북문지 일원 삼국시대 고고자료의 양상과 성격」, 『백제학보』26, 백제학회.
박진호, 2019, 「디지털박물관(Digital Museum) 시대의 박물관 디지털 트렌드」, 『현대사와박물관』2, 대한민국역사박물관.
성주탁, 1985, 「백제성지연구」, 동국대학교 대학원 박사학위논문.
신희권, 2010, 「백제 한성시대 도성제도에 관한 일고찰-양궁성제도를 중심으로-」, 『향토서울』76, 서울시편찬위원회.
_____, 2016, 「왕도의 성립과 운영 체제」, 『서울 2천년사』4, 서울역사편찬원.
여호규, 2002, 「한성시기 백제의 도성제와 방어체계」, 『백제연구』36, 충남대학교 백제연구소.
오영찬, 2022, 「전근대 및 일제시기 서울 백제유산에 대한 인식」, 2022 서울 백제역사유적 국제학술회의 발표자료집(서울의 백제유산에서 세계의 문화 유산으로), 서울특별시 문화본부 문화재관리과.
이경하·박세진, 2022, 「어린이박물관 온라인 유아역사교육 현황 분석」, 『인문사회21』13-3, 인문사회21.
이난경, 2022, 「근현대 서울 백제유산의 인식과 활용-풍납토성과 몽촌토성을 중심으로-」, 2022 서울 백제역사유적 국제학술회의 발표자료집(서울의 백제유산에서 세계의 문화유산으로), 서울특별시 문화본부 문화재관리과.
이도학, 1992, 「백제 한성시기의 도성제에 관한 검토」, 『한국상고사학보』9, 한국상고사학회.
이병호, 2018, 「한국 고대 도성의 입지와 사상에 대하여」, 『한국학논총』49, 국민대학교 한국학연구소.
이선종, 2020, 「포스트 코로나, 박물관 교육 분야 지원사업의 과제와 방향」, 『박물관교육연구』, 한국박물관교육학회.
이장웅, 2020, 「백제 한성기 중국과의 문화 교류」, 『백산학보』116, 백산학회.
이홍종·안형기, 2020, 「백제 한성기 몽촌토성 일대의 지형복원 연구」, 『호서고고학』47, 호서고고학회.
이혁희, 2013, 「한성백제기 토성의 축조기법과 그 의미」, 『한국고고학보』89, 한국고고학회.
_____, 2016, 「백제토성 축조기술의 특징과 변천」, 『유리건판으로 본느 백제의 성곽』, 국립중앙박물관.
_____, 2021, 「백제 한성기 토성의 축조기술」, 『풍납토성 축성기술의 비밀을 풀다』, 국립강화문화재연구소.
정민영, 2019, 「디지털 기술을 활용한 박물관 교육 발전 방안 연구 : 국립경주박물관 교육 및 어린이박물관 전시 콘텐츠 사례를 중심으로」, 『박물관 교육』, 국립중앙박물관.
차용걸, 2014, 「3. 고대 도성의 구성요소 토론문」, 『한성백제의 왕궁은 어디에 있었나(한성의 도시구조)』, 한성백제박물관.
최충기, 2020, 「6세기 중엽 한성의 정치적 향방과 몽촌토성」, 『민족문화논총』74, 영남대학교 민족문화연구소.

웹사이트

국립중앙박물관 소장 조선총독부박물관 문서 https://www.museum.go.kr/modern-history/main.do
국사편찬위원회 한국사데이터베이스 https://db.history.go.kr/
백제세계유산센터 http://www.baekje-heritage.or.kr/kr/
서울대학교 규장각한국학연구원 https://kyu.snu.ac.kr/
한국고전번역원 한국고전종합DB https://db.itkc.or.kr/

9. 도판목록

I
다多, 수많은 역사가 쌓이다
Collection of History

1
『삼국사기三國史記』 권제23, 24, 25, 백제본기 시조온조왕 원년, 근초고왕 26년, 개로왕 21년
1512년(정덕본)
국사편찬위원회 한국사데이터베이스

2
『고려사高麗史』 권제112, 열전 권제25, 제신 조운흘
1451년
서울대학교 규장각한국학연구원

3
『사가집四佳集』 권1, 기, 무진정기
1488년
한국고전번역원 한국고전종합DB

4
『사가집』 권21, 시류
1488년
한국고전번역원 한국고전종합DB

5
『사가집』 권50, 시류, 몽촌
1488년
한국고전번역원 한국고전종합DB

6
『신증동국여지승람新增東國輿地勝覽』 권6, 경기 광주목
1530년
한국고전번역원 한국고전종합DB

7
『해동지도海東地圖』 책1, 경기도 광주부
1750년대
서울대학교 규장각한국학연구원

8
『여지도輿地圖』 책1, 경기도 광주부
18세기
서울대학교 규장각한국학연구원

9
『1872년지방지도』, 광주전도
1872년
서울대학교 규장각한국학연구원

10
『경기도고적대장京畿道古蹟臺帳』 광주군
조선총독부 식산국 산림과 | 1916~1917년(추정)
국립중앙박물관

11
『야쓰이고적조사위원복명서 谷井古蹟調査委員復命書』
조선총독부 | 1918년
국립중앙박물관

12
『대정6년도고적조사보고』 「경기도광주·고양·양주·충청남도천안·공주·청양·논산·전라북도익산 및 전라남도나주10군고적조사약보고(야쓰이위원제출)」
조선총독부 | 1920년
국립중앙박물관

13
『몽촌의 발자취』
몽촌향우회 | 2008년

14
『우리 고장의 생활(강동구·송파구)-3학년』
서울특별시 강동교육지원청 | 2014년

15
『송송파파와 함께하는 송파탐험대』
서울특별시 강동송파교육지원청·송파구 | 2021년

16
1983~1989년 몽촌토성 발굴조사 보고서
몽촌토성발굴조사단, 서울특별시·서울대학교박물관, 서울대학교박물관 | 1984, 1985, 1987, 1988, 1989년

17
2013~2018년 몽촌토성 발굴조사 보고서
한성백제박물관 | 2016, 2019, 2021년

18
1984년 몽촌토성 서남지구 발굴조사단(단국대학교박물관)
서울대학교박물관

19
1985년 몽촌토성발굴조사단
서울대학교박물관

20
1985년 몽촌토성 발굴조사
서울대학교박물관

21
1985년 몽촌토성 뼈로 만든 비늘갑옷 발굴조사
서울대학교박물관

22
1985년 몽촌토성 서북지구 토광묘 발굴조사
서울대학교박물관

23
1988년 몽촌토성 동남지구 발굴조사 전경
서울대학교박물관

24
1985년 몽촌토성 발굴조사 일지(조사자 임영진)
서울대학교박물관

25
1985년 몽촌토성 발굴조사 일지(조사자 최종택)
서울대학교박물관

26
2013년 몽촌토성 북문지 일원 발굴조사 재개 개토제

27
2014년 몽촌토성 북문지 일원 발굴조사 전경

28
2015년 몽촌토성 북문지 일원 I 지구 집자리 발굴조사

29
2017년 몽촌토성 북문지 일원 II 지구 전경

30
2022년 몽촌토성 북문지 일원 I 지구 집수지 발굴조사

31
2022년 몽촌토성 북문지 일원 I 지구 집수지 쟁기 발굴조사

32
2014년 몽촌토성 발굴조사 일지(조사자 강현정)

33
2015년 몽촌토성 발굴조사 일지(조사자 강현정)

34
2022년 몽촌토성 발굴조사 일지(조사자 최재도)

35
세발토기 三足器 Tripod Vessel
백제 | 몽촌토성 | 높이 6.5cm 구경 13.0cm
국립중앙박물관

36
연꽃무늬 수막새 蓮華文瓦當
Roof-end Tiles With Lotus Design
백제 | 몽촌토성 | 지름 10.8cm
서울대학교박물관

37
동전무늬도기조각 灰釉錢文陶器片
Potsherd_Pottery with Coin Pattern
중국(서진) | 몽촌토성 | 잔존길이 7.0cm
국립중앙박물관

38
'궁宮'자가 새겨진 토기 조각 宮字銘直口壺片
Potsherd_Jar with Inscription of '宮'
백제 | 몽촌토성 | 길이 8.0cm 너비 12.0cm

39
옻칠재료가 담긴 토기 蓋杯 Lacquered Pottery
백제 | 몽촌토성 | 높이 4.5cm 복원구경 11.4cm
두께 0.3~0.6cm

40
옻칠재료가 담긴 토기 조각 蓋杯片
Lacquered Potsherd_Pottery
백제 | 몽촌토성 | 높이 3.4cm 복원드림구경
12.8cm 두께 0.35~0.8cm

41
그릇받침조각 器臺片 Potsherd_Pottery Stand
백제 | 몽촌토성 | 잔존길이 3.2cm 두께 0.6cm

42
그릇받침조각 器臺片 Potsherd_Pottery Stand
백제 | 몽촌토성 | 잔존길이 7.3cm 두께 0.8cm

43
「백제역사관 신축공사 설계도」
종합건축사사무소 | 1987. 11.

44
몽촌역사관 개관식
1992. 1. 29.

45
김기승이 쓴 몽촌역사관 현판 글씨

46
김기승의 글씨가 반영된 전시도록
『夢村歷史館遺物集』
서울특별시 | 1991년

47
개관 시 몽촌역사관 전시실
1992년

48
몽촌역사관 부속 백제집자리전시관
1993. 7. 1. 개관

49
한성백제문화지킴이의 한성백제박물관
건립추진 서명운동
2005년

50
한성백제문화지킴이의 한성백제박물관
건립에 관한 건의문
2005. 11. 24.

51
몽촌역사관 자원봉사자 자료집

52
한성백제문화연구회의 백제역사유적지구
환경정화활동

53
『몽이와 초니의 시간여행-몽촌역사관 길라잡이』
도남모개 저, 위례역사문화연구회 | 2006년

54
2006년 어린이 대상으로 개편된 몽촌역사관 전시실

55
2008년 몽촌역사관 전시실 리플릿

56
몽촌역사관 전시실 활동지 「몽촌토성 이야기」
2008년

57
2009년 몽촌역사관 전시실 리플릿

58
몽촌역사관 캐릭터 '촌이·촌장·몽이·둥이·투타치'
2006년

59
캐릭터를 활용한 교육 영상 「투타치의 고고학탐험」
2006년

60
〈몽촌어린이역사교실〉 「촌이의 집을 소개합니다-
몽촌토성과 풍납동 토성」 교구재
운영 2007. 4.~2009. 6.

61
〈꿈마을체험교실〉 「함께 만드는 백제 몽촌토성」
교구재
운영 2007. 7.~2009. 8.

62
〈몽촌어린이역사교실〉 「고대 생활사전 만들기」 교구재
운영 2008. 9.~2009. 11.

63
〈몽촌가족체험교실〉 「가족과 함께하는 몽촌토성
대탐험」 교구재
운영 2008. 9.~2012. 10.

64
〈꿈마을체험교실〉 「지도로 찾아가는 옛 서울」
교구재
운영 2009. 1.~2013. 1.

65
〈꿈마을방과후교실〉 「땡땡땡! 꿈마을놀이터」
교구재
운영 2011. 5.~2014. 7.

66
2013년 개편한 몽촌역사관 어린이 체험전시장
「열려라! 백제마을」

67
2013년 조성한 야외 고분모형전시장

68
2013년 조성하고 2015년 증설한 야외 발굴체험장

69
2015년 개편한 몽촌역사관 전시실과 발굴체험코너
「찾아라! 백제왕도」

70
2014년 몽촌역사관 어린이 체험전시장 활동지
「열려라! 백제마을」

71
2016년 몽촌역사관 전시 도록 「꿈마을 백제이야기」
한성백제박물관 | 2016. 12.

72
2020년 몽촌역사관 전시 리플릿
2020. 11.

73
몽촌역사관 캐릭터 '몽이'와 '촌이'
2019년

74
캐릭터를 활용한 교육 영상 「찾아라! 세발토기
열려라! 백제왕도」
2019년

75
백제 주요인물 캐릭터
2022년

76
몽촌역사관 교육 프로그램 안내지 「배우고 익히는 몽촌역사관나들이」
2019. 5.

77
〈몽촌어린이역사교실〉 「으쌰으쌰, 몽촌토성 한바퀴」 교구재
운영 2012. 4~6.

78
〈꿈나무오감체험교실〉 「숲속 친구, 참이와 토리」 교구재
운영 2012. 5.~2022. 현재

79
〈꿈마을체험교실〉 「몽촌토성 만들기 대작전」 교구재
운영 2012. 7~8.

80
〈백제생활체험교실〉 「열려라! 백제마을」 교구재
운영 2013. 8.~2017. 8.

81
〈꿈마을캠프〉 「1박2일 꿈마을캠프」 교구재
운영 2013. 9.~2015. 4.

82
〈꿈마을체험교실〉 「슝슝~ 시간여행, 몽촌토성」 교구재
운영 2014. 1.~2018. 1.

83
〈꿈마을놀이체험교실〉 「누가누가 잘하나, 우리놀이」 교구재
운영 2014. 5.~2022. 현재

84
〈꿈마을공예교실〉 「돌 속의 비밀, '곡옥'을 찾아라」 교구재
운영 2016. 8.~2021. 8.

85
〈몽촌가족체험교실〉 「찾아라! 세계유산 백제」 교구재
운영 2017. 4.~2019. 11.

86
〈꿈나무역사체험교실〉 「냠냠, 맛있는 백제밥상」 교구재
운영 2017. 5.~2022. 현재

87
〈꿈나무호기심탐험대〉 「박물관에서 만나는 모양 친구들」 교구재
운영 2017. 5.~2022. 현재

88
〈백제역사탐구교실〉 「삼국사기, 삼국유사로 배우는 백제, 그날」 교구재
운영 2018. 7.~2022. 현재

89
〈꿈마을체험교실〉 「슝슝~ 시간여행, 백제왕성 풍납동 토성」 교구재
운영 2019. 9.~2022. 현재

90
〈몽촌토성투어프로그램〉 「출동! 몽촌토성 꾸러기 수비대」 교구재
운영 2021. 5.~2022. 3.

91
〈백제생활체험교실〉 「휘리릭! 변신하는 도구 친구들」 교구재
운영 2021. 10.~2022. 현재

92
〈꿈마을고고학연구소〉 교육활동

93
〈꿈마을고고학연구소〉 교구재
운영 2013. 4.~2022. 현재

94
〈고대과학탐구교실〉 교육활동

95
〈고대과학탐구교실〉 교구재
운영 2019. 7.~2022. 현재

96
「한눈에 쏙~ 몽촌토성 첫걸음」 교육활동

97
「한눈에 쏙~ 몽촌토성 첫걸음」 교구재
운영 2012. 11.~2022. 현재

98
「개로왕의 밀지: 첩자의 흔적」 교육활동

99
「개로왕의 밀지: 첩자의 흔적」 교구재
운영 2022. 5.~현재

100
「개로왕의 밀지: 첩자의 흔적」 기념품
2022년

백제 건국 2040주년-몽촌역사관 개관 30주년 기념 공동기획 특별전

Special Exhibition for Joint Commemoration of the 2040th Anniversary of Baekje and the 30th Anniversary of Mongchon Museum of History

다시 몽촌을 꿈꾸다

Dreaming of Mongchon Again

多(다) 時(시) 夢(몽)

총괄 김홍진 / 유병하
기획 오정숙 · 문은순 / 임석진 · 윤수희
자료조사 · 전시진행 한소영 · 김수림 · 김은지 · 김주영 · 류령모 · 심지 · 양지만 · 유나경 · 이수정 · 이은서 · 차정주
논고 최종택
원고편집 · 교열 문은순

유물출납 조영훈 · 최영미
보존처리 정세리
행정지원 권석진 · 이주영 · 이귀영 · 장주영
일러스트 신유정
전시시공 (주)새로움아이
도록 · 홍보물 제작 제이엠유니크

발행일 2022년 12월
발행처 서울특별시 문화재관리과
04520) 서울특별시 중구 세종대로 124
T. 02-2133-2623

발간등록번호 51-6110000-002815-01
ISBN 979-11-6599-830-1